Ökonomie des Internet

Andreas Warnecke

Frankfurt a. M. im Frühjahr 2000

Hanno Beck, Dr. rer. pol., ist Wirtschaftsredakteur bei der »Frankfurter Allgemeinen Zeitung«. *Aloys Prinz* ist Professor für Wirtschaftspolitik an der Johannes Gutenberg-Universität Mainz.

Hanno Beck, Aloys Prinz

Ökonomie des Internet

Eine Einführung

Campus Verlag
Frankfurt/New York

Die Deutsche Bibliothek – CIP-Einheitsaufnahme

Beck, Hanno:
Ökonomie des Internet: eine Einführung / Hanno Beck; Aloys Prinz. –
Frankfurt/Main; New York: Campus Verlag, 1999
ISBN 3-593-36343-7

Umschlaggestaltung: Atelier Warminski, Büdingen
Druck und Bindung: KM-Druck, Groß-Umstadt
Gedruckt auf säurefreiem und chlorfrei gebleichtem Papier.
Printed in Germany

Inhaltsverzeichnis

1. Warum ein Buch über das Internet? 7

2. Wie funktioniert das Internet? 11

3. Ökonomische Grundlagen 35

4. Das Internet und die Arbeitsmärkte 59

5. Das Internet und die Steuern 93

6. Elektronisches Geld und Internet-Zahlungssysteme 121

7. Auf Nummer Sicher: Kryptographie 151

8. Ist das Internet sozialverträglich? 175

9. Der machtlose Staat? 185

1. Warum ein Buch über das Internet?

Noch vor wenigen Jahren war das Internet eine Domäne von Wissenschaftlern und Computerspezialisten, die sich fern der Öffentlichkeit innerhalb dieses Netzes eine eigene Welt aufgebaut hatten. Heute ist das Internet ein Tummelplatz für Firmen, Computerfreaks, Sportvereine, politische Parteien, religiöse Vereinigungen, Schrebergärtner und viele andere (exotische) Gruppen. Auch in der öffentlichen Diskussion ist das Internet ein fester Bestandteil von Spekulationen um die Zukunft der Arbeit und Probleme der Globalisierung. Die Meinungen über die Rolle des Internet in der Zukunft sind dabei recht geteilt: So sieht z.B. die Regierung der USA im sogenannten 'Information Superhighway' das Sprungbrett in das 21. Jahrhundert, während von anderer Seite befürchtet wird, daß mit dem Siegeszug des Internet viele politische, wirtschaftliche und gesellschaftliche Probleme verbunden sein werden. Um sich ein Bild von den vielfältigen Möglichkeiten des Internet, unser zukünftiges Leben zu verändern, zu machen, muß man sich fragen, welche Möglichkeiten das Internet in den nächsten Jahren bieten wird. Wie muß man sich das vorstellen?

Stellen Sie sich den Ablauf eines gewöhnlichen Arbeitstages vor: Sie stehen morgens auf, lesen die Zeitung, fahren dann zur Arbeit, wo Sie sich eventuell mit einigen Kollegen ein Büro teilen. Nach der Arbeit gehen Sie einkaufen, anschließend besuchen Sie Freunde oder Verwandte. Gegen Ende des Tages entspannen Sie sich vielleicht bei einem guten Buch oder vor dem Fernseher. Wie könnte ein solcher Tagesablauf im Zeitalter des Internet aussehen?

Nach dem Aufstehen lesen Sie zuerst eine nach Ihren eigenen Interessen individuell für Sie zusammengestellte Zeitung (entweder an einem speziellen, flachen Bildschirm, der in den Lesequalitäten einer Zeitung kaum nachsteht, oder auf einem von Ihnen selbst zu Hause erstellten Ausdruck), um sich dann an Ihren Arbeitsplatz zu begeben. Da dieser aber direkt neben Ihrem Frühstückstisch liegt, ersparen Sie sich den langen Hinweg zum Büro und den schon fast obligatorischen Verkehrsstau. Von zu Hause aus erledigen Sie am Bildschirm Ihre Arbeit, beraten sich via Bildschirmkonferenz mit Ihren in der ganzen Welt verstreuten Kollegen. Ihr Mittagessen bestellen Sie ebenfalls über den Bildschirm bei der Pizzeria nebenan. Nach der Arbeit gehen Sie einkaufen - ebenfalls am Bildschirm. Von zu Hause aus wälzen Sie mehrere Kataloge von elektronischen Kaufhäusern, die Ihnen ihre Bestellungen ins Haus liefern und auf elektronischem Wege auch abrechnen, ohne daß Sie Bargeld benötigen oder Ihre Bank aufsuchen müssen. Anschließend klinken Sie sich in eins der elektronischen Diskussionsforen ein, um mit Freunden und Gleichgesinnten über Ihre Hobbys oder politischen und gesellschaftlichen Interessen zu diskutieren. Anschließend noch ein kurzer Besuch via Bildschirm bei der Großmutter, und dann wenden Sie sich Ihrem wohlverdientem Feierabend zu, indem Sie entweder ein Buch lesen, welches Sie direkt über das Internet bezogen haben oder aber über das Internet ein Video oder eine andere, speziell Sie interessierende Fernsehsendung bestellen und anschauen. Wenn Sie ins Bett gehen, haben Sie einen kompletten Tagesablauf hinter sich gebracht, ohne auch nur einmal das Haus verlassen zu haben.

Dieses Szenario erscheint etwas überspitzt, zeigt aber zugleich auf, welche Möglichkeiten sich im Zeitalter des Internet ergeben werden. Das Internet wird in den nächsten Jahren alle wirtschaftlichen und gesellschaftlichen Bereiche unseres Lebens durchdringen und verändern. Aber sollten wir nun Angst davor haben oder uns darauf freuen? Abgesehen von den individuellen Vorstellungen, wie man sein Leben möglichst angenehm gestalten möchte (ein mancher wird froh sein, daß er die Wohnung nicht verlassen muß, während dem anderen die Decke auf den Kopf fallen mag), kann man davon ausgehen, daß jeder diese Frage für sich selbst beantworten muß. Nicht jeder wird im gleichen Ausmaß von der

Wucht der zukünftigen technischen Entwicklung getroffen werden, und einige Bereiche des öffentlichen und privaten Lebens werden sich dem Zugriff des Internet entziehen. Um sich ein Bild von den möglichen Folgen des Vordringens des Internet vor allem im wirtschaftlichen Bereich zu machen, muß man sich darüber informieren, welche Möglichkeiten diese Technologie heute bietet, und welche Probleme damit verbunden sein könnten. Man muß sich fragen, was das Internet leistet und welche Möglichkeiten und Herausforderungen damit für den einzelnen und die Gesellschaft verbunden sein werden.

Genau dies ist das Ziel des vorliegenden Buches: Es soll grundlegendes Verständnis schaffen für die Möglichkeiten, Folgen und Probleme, welche mit einer zunehmenden Nutzung des Internet verbunden sein werden. Die Anwendungsbereiche und –möglichkeiten des Internet sollen vorgestellt und die mit ihnen verbundenen Probleme näher ausgeführt und beleuchtet werden. Am Ende der Lektüre sollten Sie sich ein Bild davon machen können, wie das Internet arbeitet, welche Möglichkeiten es bietet, und welche Veränderungen sich auf dem Weg dorthin für den einzelnen und die Gesellschaft ergeben können. Dabei werden besonders ökonomische Aspekte im Vordergrund stehen, vor allem bei der Diskussion um die Folgen für die Arbeitsmärkte, das Steuersystem und das (nationale) Geldwesen.

Das obige Beispiel hat bereits angedeutet, welche Aspekte dabei zu diskutieren sein werden: Von entscheidender Bedeutung für den einzelnen werden die Folgen des Internet für den Arbeitsmarkt sein, welche im vierten Kapitel diskutiert werden. Für den Staat wird darüber hinaus von Bedeutung sein, welche Folgen das Internet für seine Einnahmen, welche er vor allem in Form von Steuern erzielt, haben wird. Dies soll im fünften Kapitel erörtert werden. Damit ein elektronischer Handel überhaupt in Schwung kommen kann, müssen sich neue Zahlungssysteme im Internet etablieren, welche erst die Möglichkeiten für einen elektronischen Geschäftsverkehr schaffen werden. Das wird auch Folgen für die nationale Geldpolitik haben, wie wir im sechsten Kapitel zeigen werden. Wer über elektronisches Geld redet, muß auch über die

Sicherheit der auf dem Internet verschickten Daten reden - dies wollen wir im siebten Kapitel tun. Hier zeigen wir, warum die Verschlüsselung von Daten von wesentlicher Bedeutung für die Zukunft des Internet sein wird, wie dies von statten gehen kann und welche Kopfschmerzen dies dem Staat bereiten könnte. Im achten Kapitel wollen wir die Sozialverträglichkeit des Internet prüfen und im neunten Kapitel über mögliche politische Folgen einer zunehmenden Nutzung des Internet sprechen.

Doch bevor die hier genannten Themen aufgegriffen werden, sollen zuerst einige allgemeine Ausführungen über das Internet erfolgen. Im zweiten Kapitel werden wir die Geschichte, den Aufbau und die Arbeitsweise des Internet vorstellen. Dabei wird deutlich werden, daß der Grundstein für den Erfolg des Internet bereits sehr früh gelegt wurde, und daß der Erfolg des Internet sich vor allem auch durch dessen Geschichte erklärt. Im Anschluß daran soll im dritten Kapitel eine kurze ökonomische Analyse der Besonderheiten erfolgen, welche das Internet von anderen technischen Neuerungen der letzten Jahrzehnte unterscheiden. Damit sind vor allem die Probleme gemeint, welche bei leitungsgebundenen Medien wie dem Internet auftreten (sie sind denen, welche z.B. bei der Einführung des Telefons entstanden, nicht unähnlich). Eine weitere ökonomische Besonderheit sind die Eigenschaften der im Internet gehandelten und erzeugten Güter. Ist man sich dieser Eigenheiten elektronischer Produkte bewußt, so wird auch schnell deutlich, warum das Internet in der Tat unsere Zukunft revolutionieren könnte.

Ziel des Buches soll es sein, dem interessierten Leser ohne größere Vorkenntnisse auf technischem oder ökonomischem Gebiet einen Einblick in die Welt des Information Highway und die damit verbundenen Entwicklungen zu verschaffen und Interesse an weiterer Literatur zu wecken.

2. Wie funktioniert das Internet?

Ein bißchen Geschichte

Um zu verstehen, wie das Internet aufgebaut ist und funktioniert, ist es hilfreich, etwas über seine Geschichte zu erfahren.[1]

Die erste Fernbedienung eines Rechners fand bereits im Jahre 1940 statt, als Georg Stibitz, ein Mathematiker der Bell-Laboratories, einen neuen Rechner auf einer Tagung der amerikanischen mathematischen Gesellschaft vorführen wollte. Da es Bell zu unsicher und kostspielig erschien, den Rechner von New York nach New Hampshire zu verfrachten, wählte Stibitz einen anderen Weg: Er stellte außerhalb des Tagungssaals ein Terminal auf, das er über eine Telegraphenleitung mit dem Rechner in New York verband, so daß die Teilnehmer des Kongresses den Rechner in New Hampshire über einen Entfernung von 370 Kilometern hinweg nutzen konnten. Die Demonstration wurde ein voller Erfolg.

Der nächste Anstoß zur Weiterentwicklung des Internet kam von seiten des Militärs: Im Zeichen des Kalten Krieges und mit dem Start des ersten sowjetischen Sputniks 1957 begann das Verteidigungsministerium der USA sich Sorgen über die Verwundbarkeit des nationalen Kommunikationsnetzes im Falle eines Angriffes zu machen: Das nationale Telefonnetz, so die Überlegung, könnte durch einige gezielte Anschläge von gegnerischer Seite funktionsunfähig gemacht werden, womit die gesamte Kommunikation zum Erliegen kommen könnte. Bestätigt wurde diese Furcht durch Sabotageakte gegen drei Sendestationen (sogenannte Microwave Relay Stations) im Jahre 1961 in Utah, die in der Tat Kommunikationsprobleme nach sich zogen. Das Verteidigungsministerium wollte ein Kommunikationssystem, das auch im Kriegsfall überlebensfähig wäre. Aber wie sichert man ein Kommunikationsnetz gegen militärische Angriffe und stellt die im Kriegsfalle lebensnotwendige Kommunikation sicher? Wie verhindert man, daß einige wenige gut gezielte Angriffe gegen einzelne Sendezentren zu einem Zusammenbruch der gesamtem Kommunikation führen?

1962 fanden Wissenschaftler der RAND-Corporation eine Antwort auf diese Frage: Sie hieß Packet-Switching. Stellen Sie sich ein normales Telefonnetz vor: Ein Gespräch kommt hier dadurch zustande, daß ein Teilnehmer den anderen anwählt. Dabei wird eine Verbindung zwischen beiden Teilnehmern aufgebaut, die über mehrere Vermittlungsstationen geschaltet wird und für die Dauer des gesamten Gesprächs bestehen bleibt. Sobald aber diese Verbindung an irgendeiner Stelle unterbrochen wird, bricht die gesamte Verbindung zusammen, es gibt keine Möglichkeit, auf eine Ersatzleitung auszuweichen. Die Idee des Packet-Switching vermeidet diesen Nachteil durch einen einfachen Trick: Die Nachrichten, welche zwischen den Teilnehmern ausgetauscht werden, werden in einzelne 'Pakete' zerlegt und getrennt voneinander auf unterschiedlichem Weg an ihren Bestimmungsort geschickt. Beim Empfänger der Nachricht müssen die einzelnen Pakete nur noch in der richtigen Reihenfolge wieder zusammengesetzt werden. Da jedes Paket mit der Zieladresse und einer laufenden Nummer versehen ist, stellt dies kein Problem dar. Damit ist bei einem Gespräch nun keine kontinuierliche Verbindung mehr zwischen den beiden Teilnehmern notwendig (untenstehende Abbildung macht das Verfahren noch einmal deutlich). Fallen Teile des Kommunikationsnetzes aus, so werden die Pakete auf einem alternativen Weg durch das Netz an den Empfänger geschickt (ein spezielles Programm überwacht dabei, ob alle Pakete am Zielort angekommen sind und schickt bei Bedarf ein verlorengegangenes Paket noch einmal auf die Reise). Hier zeigt sich auch der Vorteil dieser Paketlösung: Da Nachrichten jeden beliebigen Weg durch das Kommunikationsnetz nehmen können, stellen teilweise (kriegsbedingte) Ausfälle des Netzes nun kein Problem mehr für die Nachrichtenübermittlung dar. Um die Kommunikation des Landes zum Erliegen zu bringen, müßten alle Leitungswege zerstört werden. Der Vorteil eines Netzwerks, das auf Paketvermittlung beruht, liegt in seiner dezentralen Struktur. Diese Struktur sollte zu einem wesentlichen Kennzeichen des Internet werden.

1969 vernetzte die Advanced Research Projects Agency (ARPA), eine Denkfabrik, die von Eisenhower 1957 im Kalten Krieg als Abteilung des Verteidigungsministeriums gegründet wurde, vier Rechner im Westen der USA miteinander, welche über Paketvermittlung miteinander kommunizierten. Das ARPANET, der Urvater des Internet, war geboren. 1972 erfolgte die erste Demonstration des ARPANET in der Öffentlichkeit auf der ersten Internationalen Konferenz für Computerkommunikation in Washington D.C. Das Zeitalter des Internet hatte begonnen.

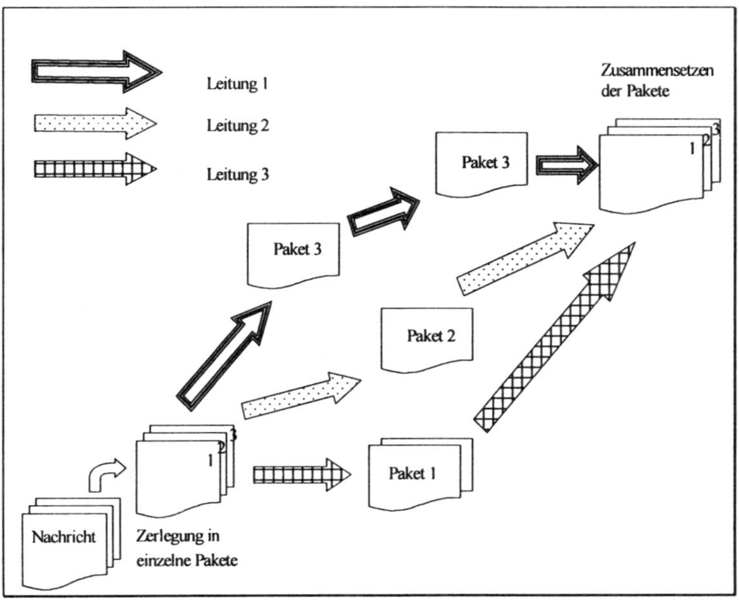

Abb. 1: Das Prinzip der Paketvermittlung

Doch noch war der Weg für dessen Erfolg nicht ganz geebnet: Bereits 1973 - das ARPANET bestand zu diesem Zeitpunkt aus gerade mal 25 Rechnern - wurde deutlich, daß noch nicht alle Probleme aus dem Weg geräumt waren. Weitere erste Netzwerke waren in den Vereinigten Staaten, aber auch in Europa entstanden. In Frankreich gab es ein Netzwerk namens CYCLADES, in Deutschland HMI-NET und HMI-NET2, im Vereinten Königreich experimentierte man mit SERCnet. Leider verwendete jedes Netzwerk eine andere Technologie, was es unmöglich machte, diese miteinander zu verbinden. Hier mußte eine neue Idee her: ein Programm, das die Übersendung von Nachrichten zwischen Rechnern regelt und überwacht, ein sogenanntes Transmission Control Program (TCP). Dieses Protokoll sollte das Übersenden und Empfangen von Nachrichten organisieren und überwachen. Dabei sollte dieses Protokoll in jeder Netzwerkumgebung, unabhängig von dessen technischer Beschaffenheit, arbeiten können. Ziel war es, die verschiedenen Computernetzwerke auf der Welt miteinander zu verbinden, sozusagen ein Netzwerk von Netzwerken zu schaffen: das Internet.

Die Idee ist simpel: Stellen Sie sich wieder das Telefonnetz vor. Wenn zwei Länder über ein Telefonnetz verfügen, so wäre es doch von Vorteil, wenn man aus dem Land A auch im Land B anrufen könnte, dabei aber das eigene, inländische Telefonnetz nutzen könnte. Dies geht allerdings nur, wenn die Telefonnetze in beiden Ländern auch miteinander kompatibel sind, d.h. die gleiche Übertragungstechnologie nutzen. Genau dies war die Idee des Internet: Eine Verbindung schaffen zwischen den Rechnernetzen verschiedener Netzbetreiber, seien es nationale oder ausländische. Dazu mußte man sich aber auf eine Übertragungstechnik einigen, die garantiert, daß die gesendeten Nachrichten auf jedem Rechner empfangen und gelesen werden können. Wie Sie sehen, ist das Internet im Grunde genommen damit kein Netzwerk im herkömmlichen, physischen Sinne, sondern eher ein 'virtuelles' Netzwerk, ein Zusammenschluß verschiedener Netzwerke. Daher auch der Name: Internet steht für Interconnecting Networks, d.h. verbinden von Netzwerken.

Also: Die weltweit verstreuten Netzwerke sollten miteinander verbunden werden. Dazu benötigte man aber ein einheitliches Protokoll, d.h. verbindliche Absprachen darüber, wie die Kommunikation und der Datenaustausch zwischen den doch recht unterschiedlich gebauten Rechnern funktionieren sollte. Welches Protokoll Sie dabei wählen, ist - abgesehen von der Frage nach der besten Technologie - eigentlich Nebensache; die Betreiber der verschiedenen Netzwerke müssen sich nur auf ein bestimmtes Protokoll einigen. Aber das hört sich leichter an, als es ist. Und es riecht nach einem Fall für die Bürokratie.

Und in der Tat: Das British Standards Institute, eine Institution zur Standardisierung, schlug 1977 seinem amerikanischen Gegenstück, dem International Standardization Institute (ISO), vor, einen gemeinsamen Standard für die Kommunikation zwischen Rechnern festzulegen. Die ISO publizierte schon bald darauf ein Referenzmodell für die Architektur von sogenannten offenen Systemen (Open Systems Architecture; OSI), welches als Referenzmodell für die Verbindung von Netzwerken dienen sollte. Mit diesem Modell wollte man einen verbindlichen Standard für die Kommunikation von Rechnern untereinander setzten. Doch in der Praxis konnte sich dieses Modell nie richtig durchsetzen. Was war geschehen?

Zwischen 1974 und 1978 nahm die Anzahl der Rechner, die miteinander vernetzt wurden, weltweit zu. Die meisten Nutzer dieser Rechner griffen auf ein bereits vorhandenes Protokoll zurück, das Transmission Control Protocol/Internet Protocol (TCP/IP). Wenn man ein bereits in der Praxis existierendes und funktionierendes Protokoll zur Verfügung hatte, warum sollte man das Rad neu erfinden? Ein weiterer Vorteil von TCP/IP war seine Unabhängigkeit vom Übertragungsmedium: Es spielte keine Rolle, ob man Kupfer- oder Glasfaserkabel verwendete. Und wie wir im nächsten Kapitel sehen werden, gab es noch einen anderen vernünftigen Grund, sich für TCP/IP zu entscheiden: Je mehr Rechner dieses Protokoll benutzen, um so größer wird die Zahl der Rechner, die man damit erreichen kann. Aber dazu später mehr.

Protokoll
ISO
OSI
TCP/IP

Ausländische Anbieter versuchten noch etwa ein Jahrzehnt lang, Produkte, die dem OSI-Standard entsprachen, durchzusetzen, dann gaben sie auf. Am Ende eines langen 'Kriegs der Protokolle', der viel Zeit, Energie und Geld kostete, stand TCP/IP als de-facto-Standard für die Kommunikation im Internet fest. 1983 wurden alle Rechner und Netzwerke, welche mit dem ARPANET kommunizierten, aufgefordert, als Protokoll TCP/IP zu verwenden. Das Internet hatte seine Sprache gefunden, einer weltweiten Vernetzung unterschiedlicher Rechner und Rechnernetze stand nun nichts mehr im Wege. Jetzt war es Zeit, darüber nachzudenken, welche Möglichkeiten ein solches Netzwerk bieten könnte.

Die ersten Anwendungen

Bis jetzt haben wir darüber geredet, wie das Internet aussieht und wie man ein solches Netz organisieren kann. Aber warum sollte man eigentlich Rechner vernetzen? Ein erstes Beispiel für eine Anwendung wurde bereits am Anfang erwähnt: Da Rechner viel Geld kosten, wäre es sinnvoll, auch Personen, welche nicht in unmittelbarer Nachbarschaft eines Rechenzentrums wohnen, einen Zugang zu solchen teueren Geräten zu verschaffen. Weiterhin ließe sich die Rechenkraft eines Computers steigern, wenn man ihn mit anderen Computern vernetzt – hier könnten sich Rechner sozusagen gegenseitig unter die Arme greifen. Und schließlich ließe sich über ein Netzwerk von Rechnern eine völlig neue Form der Kommunikation aufbauen. Also jede Menge Aufgaben für ein Rechnernetz: Rechner sollen auch Bedienern zugänglich sein, die nicht vor Ort sind, man will Nachrichten, Programme und Dateien austauschen. Wie wurden diese Aufgaben technisch gelöst? Hier kann man einige Grundanwendungen im Internet unterscheiden: Ftp, Telnet und Mail.

Das Kürzel Ftp steht für File Transfer Protocol. Hierbei handelt es sich um eine Festlegung von Konventionen, die zwei Rechner beachten müssen, wenn sie Dateien austauschen wollen. In der Praxis versteht man unter Ftp auch ein Dienstprogramm, das es erlaubt, beliebige Dateien zwischen zwei Rechnern zu übertragen und dabei das Ftp-Protokoll verwendet. Dabei achtet dieses Programm auf eine korrekte Übertragung der Dateien, unabhängig von ihrem Format und dem Betriebssystem der Rechner, zwischen denen diese Übertragung stattfindet. Telnet ist ein Internet-Dienst, der es einem Anwender ermöglicht, auf einem anderen entfernten Rechner so zu arbeiten, als sei es der eigene. So können Sie als Programmierer in Mainz mit Hilfe von Telnet auf einem Rechner in Berlin arbeiten, als sei es Ihr eigener Rechner. Mail ist der am häufigsten verwendete Netzdienst. Im Grunde genommen handelt es sich dabei um eine elektronische Version der gelben Post: Sie schicken eine Nachricht, eine sogenannte Mail, via Bildschirm an den Rechner eines anderen Teilnehmers. Die drei hier beschriebenen Internet-Dienste sollten die Grundlage für weitere Anwendungen bilden, die wir später noch kennenlernen werden.

Neue Horizonte

Zur selben Zeit, in der sich herauskristallisierte, daß TCP/IP das Standardprotokoll werden würde, gewann ein neues Betriebssystem in den USA an Popularität. Sein Name: Unix. Das Betriebssystem eines Rechners ist eine Reihe von Befehlen und Programmabfolgen, welche dafür sorgen, daß der Rechner überhaupt arbeiten kann. Es organisiert den Datenfluß im Rechner, legt fest, welche Daten wo gespeichert werden und führt die notwendigen Rechenoperationen aus. Was Unix als Betriebssystem so interessant machte, war die Tatsache, daß es auf Rechnern verschiedener Hersteller ablauffähig war (das ist keine Selbstverständlichkeit!) und - daß es billig war. Bisher war im neugeschaffenen Internet nur Kommunikation und der Austausch von Daten möglich, aber nicht der Austausch von Software. Sobald Rechner aber über das gleiche Betriebssystem verfügten, wäre ein Austausch von Programmen möglich. Als man TCP/IP in das mittlerweile bei vielen Universitäten verwendete Betriebssystem Unix integrierte, war ein weiterer Grundstein für den Erfolg des Internet gelegt: Eine billige, weitverbreitete Software, die auf Rechnern verschiedener Herkunft lauffähig war, und darüber hinaus das wichtigste Kommunikationsprotokoll verwendete, eröffnete den Benutzern des Internet eine Fülle neuer Möglichkeiten, die weit über den bisher praktizierten Austausch von Daten hinausgingen. Darüber hinaus wurde diese Software fast umsonst abgegeben, man mußte lediglich die Vertriebskosten übernehmen. Wir werden im nächsten Kapitel sehen, warum dies ein nicht zu unterschätzender Pluspunkt für Unix war.

Eine erste neuartige Anwendung des Internet kam 1979 zustande, als das USENET gegründet wurde. Die grundlegende Idee dabei war es, Nachrichten, Neuigkeiten und Anfragen einem größerem Adressatenkreis zugänglich zu machen. Dazu wurden elektronische Diskussionsforen, sogenannte Newsgroups, geschaffen, Verzeichnisse, in denen man Artikel, Nachrichten oder sonstige Meldungen hinterlegen konnte. Jeder, der sich in die Teilnehmerliste der Newsgroup einträgt, kann diese Nachrichten abrufen oder selbst Nachrichten hinterlassen. Das ganze kann man sich in etwa wie ein elektronisches schwarzes Brett vorstellen, wobei es für jeden Themenkreis ein eigenes schwarzes Brett gibt. Diese schwarzen Bretter wurden unter den Begriff des USENET zusammengefaßt. Aber auch hier zeichneten sich bald Probleme ab: Die Frage einer Zensur der Newsgroups kam recht bald auf die Tagesordnung, als eine Newsgroup zum Thema Drogen eingerichtet werden sollte. Mit solchen Problemen werden wir uns im neunten Kapitel näher beschäftigen. Dennoch: Heute besteht das USENET aus Gruppen zu über 10.000 Themenbereichen mit Millionen von Benutzern. Eine Verfeinerung der Newsgroups sind sogenannte Online-Chats, eine Art elektronischer Online-Diskussionsforen. Hier erfolgt die Diskussion zwischen den Teilnehmern über die Tastatur und ohne Zeitverzögerung.

Weitere Netzwerke sollten folgen: 1982 wurde das BITNET (Because-it-is-time network, was soviel wie weil-es-an-der-Zeit-ist-Netzwerk heißt) aus der Taufe gehoben, das die IBM Computerzentren weltweit vernetzen sollte. Es beruht nicht auf dem Betriebssystem Unix, ebenso wie FidoNet, das auf dem Betriebssystem MS-DOS beruhte. UUNET, die erste Organisation, die einen Zugang zu Netzdiensten, vor allem zum USENET anbot, wurde 1987 gegründet. Gegen eine Gebühr konnte sich nun jedermann Zugang zu den E-Mail-Diensten und den Newsgroups des USENET verschaffen. Damit war ein erster Schritt in Richtung Kommerzialisierung des Internet getan.

1983 wurde der militärische Teil des ARPANET in das MILNET, das später das Defense Data Network (DDN), das Netzwerk des Verteidigunsministeriums, werden sollte, ausgelagert. Bereits 1981 wurde das CSNET ins Leben gerufen, das der Kommunikation von Wissenschaftlern und Forschungszwecken dienen sollte. Ähnliche Ziele verfolgte das Netzwerk der National Science Foundation, das NSFNET, das 1985 an den Start ging. Es sollte allen Wissenschaftlern amerikanischer Universitäten den Zugang zum Netz ermöglichen und bildet heute das wissenschaftliche Rückgrat des Internet in den USA. Die Zahl der Netzwerke wuchs beständig weiter, heute dürften mehr als 200 funktionierende Netzwerke in Betrieb sein. Die Zielsetzungen dieser Netzwerke lagen primär im wissenschaftlichen Bereich oder auf dem Gebiet der Verteidigung. Die Standardisierung des Kommunikationsprotokolls und der enorme Fortschritt in der Mikroelektronik ermöglichten ein enormes Wachstum des Internet, wie untenstehende Graphik deutlich macht: Mit Beginn der neunziger Jahre gelang dem Internet endgültig der Durchbruch. Die Anzahl der an das Internet angeschlossenen Rechner, die 1981 noch auf 213 Rechner geschätzt wurde, wuchs bis Ende der achtziger Jahre auf knapp 300.000 Rechner, um dann schon 1992 die Millionengrenze zu überschreiten (vergleichen Sie bitte mit Abbildung 2). Gegenwärtig wird die Zahl der an das Internet angeschlossenen Rechner auf knapp 30 Millionen geschätzt. Aber bedenken Sie: Die Anzahl der im Internet befindlichen Rechner muß nicht notwendigerweise mit der Anzahl der Internet-Benutzer sein, da zu vermuten ist, daß einige Rechner von mehreren Personen genutzt werden.

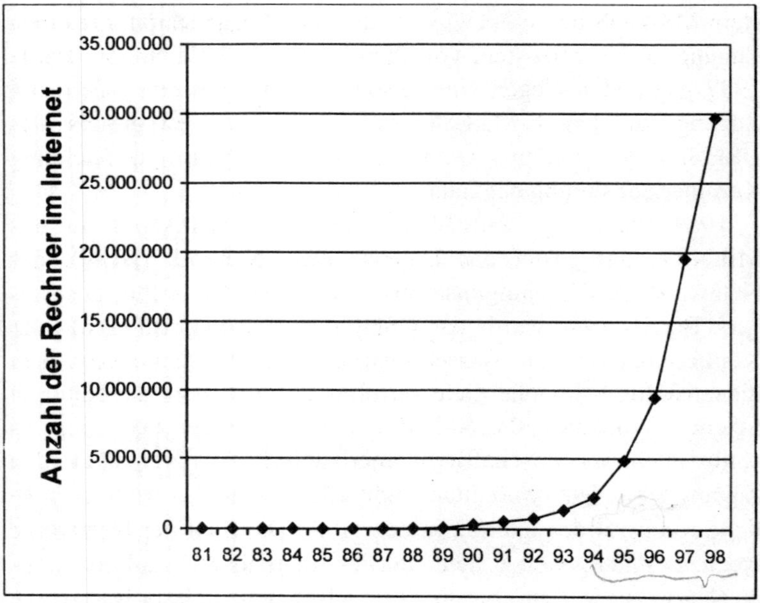

Abb. 2: Anzahl der Rechner im Internet[2]

Mit der steigenden Anzahl der Netzwerke erhöhte sich auch die Zahl der an das Internet angeschlossenen Rechner - und damit auch die grundsätzlich für alle Teilnehmer verfügbaren Informationen. Dies ließ die Frage aufkommen, wie diese in der ganzen Welt verteilten Informationen gefunden und sinnvoll genutzt werden konnten. Das enorme Wachstum des Internet erforderte neue Anwendungen. Sie trugen Namen wie Archie, Gopher oder Veronica.

Vom Fluch der Anarchie

Endlich war es so weit: Man war in der Lage, weltweit verschiedene Netzwerke miteinander zu verbinden und Informationen und Programme auszutauschen. Doch durch die zunehmende Zahl der an das Internet angeschlossenen Rechner wuchs auch der Bestand an abrufbaren Informationen. Dabei entstand ein Problem: Woher sollte man wissen, auf welchem Rechner was für Informationen abgelegt waren? Und noch schlimmer: Woher sollte man wissen, daß ein bestimmter Rechner überhaupt existierte? Wie Sie gesehen haben, gibt es keine zentrale Internet-Behörde, der das Internet 'gehört' oder die einen Überblick über die Teilnehmer hat. Im Telefonnetz ist das anders: Wenn Sie einen Teilnehmer erreichen wollen, dessen Nummer Sie nicht kennen, so rufen sie die Auskunft an oder benutzen das Telefonbuch. So etwas gibt es im Internet nicht. Hier herrscht im Prinzip Anarchie: Jeder, der einen Rechner hat, kann diesen ins Internet stellen und damit auch auf alle anderen Rechner im Internet zugreifen (wie wir gleich sehen werden, gilt diese Aussage nicht uneingeschränkt). Wenn sich aber jeder nach Belieben ins Internet einklinken kann, woher will man dann wissen, daß es ihn gibt, was für Informationen auf seinem Rechner liegen und unter welcher Adresse man diese Informationen abrufen kann? Hier mußte eine Hilfestellung her, natürlich eine elektronische. Das war die Geburtsstunde von Archie, Gopher und Veronica.

Das Problem beim Gebrauch von Ftp und Telnet bestand darin, daß man wissen mußte, wo die gewünschten Informationen standen, d.h. unter welcher Adresse man die gewünschten Informationen mit Hilfe dieser Programme abrufen konnte. Den Nutzer dieser Dienste interessiert aber nicht die Adresse, sondern lediglich der Inhalt der von ihm gewünschten Informationen. Also wäre es doch viel angenehmer, wenn man eine Art elektronisches Inhaltsverzeichnis hätte, mit dessen Hilfe man themenorientiert im Internet nach Informationen suchen könnte. Genau dies leistet Gopher (Gopher ist eine Verballhornung der Aufforderung 'go for it', was soviel wie 'hol es' heißt). Gopher stellt die auf einem Rechner befindlichen Informationen nach der Art eines Inhaltsverzeichnisses für den Besucher dieses Rechners so zusammen, so daß dieser sich nicht mehr um die Adresse der von ihm gewünschten Informationen kümmern muß. Sie wählen sich in den Rechner ein, Gopher zeigt Ihnen inhaltlich vorsortiert, was er an Dateien und Programmen beherbergt, und lädt Ihnen auf Wunsch die Dateien auf Ihren Rechner. Woher wissen Sie nun aber, daß Ihre Informationen ausgerechnet auf dem Rechner gelagert ist, den Sie besuchen? Diese Information verdanken Sie Archie: Archie-Rechner sind elektronische Verzeichnisse, in denen abgelegt ist, welche Programme auf welchen Rechnern gespeichert sind. Also eine Art weltweites Inhaltsverzeichnis der Ihnen im Internet zur Verfügung stehenden Dateien. Ähnliche Suchdienste bieten Veronica und Jugdehead.

Nun konnte man eigentlich zufrieden sein: Man konnte sich auf andere Rechner einwählen, die dortigen Datenbestände nach interessanten Programmen durchstöbern und sich diese gegebenenfalls auf den eigenen Rechner laden. Was will man mehr? Da Sie sicherlich mit der Unersättlichkeit der menschlichen Natur vertraut sind, wird es Sie nicht überraschen, daß man natürlich mehr wollte. Zum einen war die Handhabung im Netz nicht gerade das, was wir als benutzerfreundlich bezeichnen würden: Neben teilweise kryptischen Befehlen, die man eingeben mußte, um an das Ziel seiner Wünsche zu kommen (möchten Sie wirklich solche Befehle lernen wie 'get readme.doc |more'?), bestand ein weiterer Nachteil der bisherigen Lösung darin, daß Sie zwar Dateien herunterladen, aber nicht genau wissen konnten, was diese Dateien wirklich enthielten. Wie schön wäre es, wenn man das, was man sich auf seinen Rechner holen will, zuerst einmal in aller Ruhe betrachten könnte. Die Zeit war bald reif für eine neue Anwendung im Internet, die diesem zum endgültigen Durchbruch verhelfen sollte: Das World Wide Web (WWW).

Das WWW ist also nicht das Internet, wie oft fälschlicherweise angenommen wird, sondern ein sehr leistungsfähiger Dienst im Internet. Ein wesentlicher Vorteil des WWW ist, daß es ein bildschirmorientiertes System ist. Ein WWW-Bildschirm, eine sogenannte Homepage, ist eine Art interaktiver Landkarte auf dem Bildschirm. Auf Ihrem Bildschirm werden Texte und Bilder aufgebaut, Sie können also den Inhalt einer Datei auf jedem anderen WWW-Rechner am Bildschirm direkt lesen und gegebenenfalls ausdrucken. Aber noch mehr: Enthält die von Ihnen gewählte WWW-Seite Hinweise auf andere Dateien oder Rechner, so genügt es, diese Hinweise (sogenannte 'links'), die am Bildschirm farblich unterlegt werden, mit der Maus (einem elektronischem Zeigegerät, das an Ihren Rechner angeschlossen ist) anzuklicken, und schon stellt das WWW die Verbindung zu diesem Rechner oder dieser Datei her und lädt sie Ihnen auf den Bildschirm. Damit wird die Eingabe von komplizierten Kommandos unnötig, Sie bewegen sich im Internet mit Hilfe des WWW, als ob Sie in einem Buch blättern. Aber das WWW ist komfortabler als ein Buch: Enthält ein Buch eine Fußnote, die auf eine andere Quelle verweist, so müssen Sie losziehen und diese Quelle selbst besorgen. Im WWW gehen sie mit der Maus oder dem Cursor auf den markierten Verweis, und schon wird die betreffende Quelle auf Ihrem Rechner geladen und am Bildschirm angezeigt. Mit Hilfe des WWW war es endlich möglich, sich Dateien, Programme, Bilder und Grafiken von jedem Ort der Welt herunterzuladen, ohne daß man Programmier- oder Hardwarekenntnisse dazu benötigt. Jetzt war es endlich auch für Normalsterbliche möglich, das Internet zu nutzen. Und in der Tat nahm die Zahl der Internetteilnehmer mit der Einführung des WWW rapide zu. Kein Wunder, daß dies allmählich die Industrie auf den Plan rief. Die Benutzerfreundlichkeit des WWW versprach nun endlich auch Möglichkeiten einer kommerziellen Nutzung des Internet. Aber welche Geschäftsmöglichkeiten bietet das Internet? Dieser Frage wollen wir uns nun näher widmen.

Kommerz im Internet

Auf den ersten Blick mag es überraschen, daß das Internet die Möglichkeit bietet, Geschäfte zu machen. “Versuchen sie doch mal, ein Hemd über eine Telefonleitung zu verkaufen” lautet die gängige Parole, wenn man die Grenzen der Geschäftsmöglichkeiten im Internet aufzeigen will. Aber warum sollte das nicht möglich sein? Und in der Tat, genau dies geschieht im Prinzip heute schon. Wie soll das denn funktionieren?

Natürlich kann man kein Hemd über das Internet verkaufen, aber bedenken Sie einmal, woraus ein Hemd besteht: Es besteht nicht nur aus Stoff und Faden, wie man auf den ersten Blick annehmen könnte, zur Herstellung eines Hemdes sind noch weitere Produktionsfaktoren nötig: Man muß ein Muster entwerfen, das Design bestimmen, und was enorm wichtig ist, die Kunden darüber informieren, daß man Hemden verkauft und wo man diese Hemden kaufen kann. Weiterhin müssen die Kunden davon überzeugt werden, daß die angebotenen Hemden die schönsten sind. Wie Sie sehen, besteht ein Hemd nicht nur aus Stoff, sondern darüber hinaus aus nicht-physischen Bestandteilen, die man im weitesten Sinne unter dem Begriff 'Information' zusammenfassen kann. Wenn man ein Produkt herstellt, so benötigt man neben den physischen Komponenten des Produktes auch Informationen zur Herstellung und zum Vertrieb des Produktes. Und hier kommt das Internet ins Spiel.

Eine wesentliche Eigenschaft von Informationen ist deren stoffliche Beschaffenheit: Informationen sind nicht-physische Güter, sie können also ohne Probleme über eine Telefonleitung transportiert werden. Sie können z.B. für den Verkauf ihres Hemdes werben, indem Sie die Kunden anrufen, und Ihnen die Nachricht übermitteln, daß es ein neues Hemd gibt. Damit sind die Information über das Produkt über das Telefonnetz zu den Kunden gebracht und ein Teil des zum Verkauf des Hemdes notwendigen Prozesses wurde über das Telefon abgewickelt. Nun ist ein Werbefeldzug über das Telefon mit Sicherheit nicht die glücklichste Art zu werben, da bietet das Internet schon wesentlich mehr. Um es auf den Punkt zu bringen: Das Internet kann überall dort die Produktion und den Verkauf von Gütern übernehmen, wo Informationen im Spiel sind. Sie glauben, daß dies nur auf wenige Geschäftsfelder zutrifft? Lassen Sie sich von der Vielfalt der kommerziellen Anwendungen im Internet überraschen!

Ein Hauptfeld im kommerziellen Geschäft mit dem Internet ist mit Sicherheit die Werbung. Dabei geht die Werbung im Internet über die Ihnen aus den sonstigen Massenmedien bekannte weit hinaus. Wenn ein Anwender im WWW sich in einen Rechner einwählt, also eine WWW-Seite auf den Bildschirm lädt, so werden in den Randbereichen des Bildschirms sogenannte Banner, also Werbeanzeigen aufgebaut. Nehmen Sie einmal an, Sie lesen an Ihrem Rechner die neueste Ausgabe eines Magazins, das der Verlag freundlicherweise in Auszügen ins Internet gestellt hat (warum macht er das wohl?). Dann werden beim Aufbau der Magazinseite auf Ihrem Bildschirm am Rande einzelne Anzeigen (Banner) von Firmen eingeblendet, ganz wie bei einem herkömmlichen Magazin, aber mit einem gravierenden Unterschied: Wenn Sie das Banner mit der Maus anklicken, wählt sich Ihr Rechner sofort auf den Rechner ein, der die Informationen zu dem beworbenen Produkt enthält, wo sie sich das Produkt näher ansehen und in der Regel auch gleich bestellen können. M.a.W.: Zwischen dem Lesen der Anzeige und dem möglichen Kauf dieses Produktes liegen nur Bruchteile von Sekunden.

Sie sehen, nicht nur einfache Werbung, sondern auch Bestellung von Produkten über das Netz sind ohne weiteres möglich. Außerdem können Sie ihr Produkt im Internet viel ausführlicher bewerben, wenn Sie für Ihr Produkt eine eigene Homepage aufbauen. Hier können Sie Informationen rund um das Produkt und einen Bestellservice bereitstellen, Sie können auch eine Art elektronischen Reklamations- und Anfrageschalter in der Homepage integrieren, in dem Sie den Besuchern Ihrer Homepage, also Ihren (potentiellen) Kunden, die Möglichkeit geben, eine E-Mail an Ihr Unternehmen zu schicken. Hier sehen Sie auch einen weiteren Vorteil des Internet als Werbemedium: Es ist interaktiv, d.h. Ihre Kunden können mit Ihrem Unternehmen in unmittelbaren Kontakt

Anwendungsbereiche => "Information" + "Kommunikation"

treten - und das weltweit. Hier kann der Kunde wirklich zum König werden. Ein Beispiel dafür ist der Internet-Buchladen Amazon.com, bei dem die Werbung individuell auf die Nutzer zugeschnitten wird.

Sie sehen, mit Hilfe des Internet kann man weltweit für sein Produkt werben, in unmittelbaren Kontakt zu den Kunden treten und diesen eine Bestellung der Produkte erleichtern. Darüber hinaus kann man mit einer unternehmenseigenen Homepage auch das Image des Unternehmens pflegen.

Aber Werbung ist nicht alles, was das Internet an kommerziellen Möglichkeiten bietet. Weitere wichtige Anwendungsbereiche sind überall dort zu sehen, wo Informationen das eigentliche gehandelte Produkt darstellen. So finden sich im Internet eine Vielfalt von Auskunftssystemen zu Fahrplänen, Online-Datenbanken, in denen Sie recherchieren können wie in einem normalem Archiv, und eine Vielfalt weiterer Informationsdienste. Weiterhin sind mittlerweile viele Zeitungen und Zeitschriften dazu übergegangen, zumindest Teile Ihrer Ausgaben ins Netz zu stellen. Das erhöht die Leserbindung und weckt das Interesse an der Zeitung bzw. Zeitschrift.

Die Möglichkeit der Interaktivität im Internet bietet noch weitere Anwendungsmöglichkeiten: So können Sie auf elektronischem Weg Ihren Urlaub buchen, Fahrkarten für Bus, Bahn oder Flugzeug erstehen, Sie können Ihre kompletten Bankgeschäfte über das Netz abwickeln oder einen Einkaufsbummel durch virtuelle Kaufhäuser machen, in denen Sie sich die angebotenen Produkte zuerst ansehen und dann bestellen können. Kurzum, alle kommerziellen Anwendungen, bei denen Information und Kommunikation eine Rolle spielen, können im Internet abgewickelt werden - und zwar weltweit.

Den vorläufigen Endpunkt der Entwicklung im kommerziellen Internet-Geschäft stellen sogenannte elektronische Märkte dar. Hier wird der komplette Handel zwischen zwei Geschäftspartnern elektronisch abgewickelt: Man trifft sich im Netz, verhandelt dort, schließt Kontrakte ab, gegebenenfalls kann die Lieferung des vereinbarten Gegenstands (wenn es sich dabei z.B. um Informationen, Bücher, Baupläne oder ähnliches handelt) auch über das Netz erfolgen.

Die zukünftigen Anwendungen im Internet versprechen noch viel mehr. Mit zunehmender Leistungsfähigkeit der Datenleitungen und der Rechner wird es auch für Durchschnittsanwender möglich sein, Fernsehen über das Internet zu empfangen (das sogenannte digitale Fernsehen wird dabei wohl eine der Hauptanwendungen sein) oder Videos aus dem Internet herunterzuladen und zu Hause abzuspielen (Video on Demand).

Neben den vielfältigen neuen Möglichkeiten, das Internet zu nutzen, bietet es auch einen erheblichen Kostenvorteil für Unternehmen: So sind Stellenanzeigen im Internet um bis zu zwei Dritteln billiger als in Zeitungen, und Erstkontakte zu Kunden kosten im Internet weniger als zehn DM, während bei anderen Medien im Schnitt bis zu 300 DM dafür kalkuliert werden müssen. Von den sinkenden Kosten der Kommunikation im Zeitalter des Internet ganz zu schweigen, ergeben sich also auch für andere betriebliche Funktionsbereiche enorme Einsparpotentiale, auf die wir im Zusammenhang mit der Diskussion der Arbeitsmarkteffekte noch näher eingehen werden.

Nach der Aufzählung der Möglichkeiten, die Ihnen mit dem Aufkommen des Internet offenstehen, wird es Sie sicherlich nicht überraschen, daß dem elektronischen Handel (im Fachjargon Electronic Commerce genannt, das klingt vornehmer und weltmännischer), eine großartige Zukunft vorhergesagt wird. Die Schätzungen für das Handelsvolumen im Internet im nächsten Jahrtausend liegen zwischen 100 und 530 Milliarden DM. In wenigen Jahren könnten sogar bis zu zehn Prozent des Welthandels über das Internet abgewickelt werden.[3]

Wie Sie sehen, kann man mit dem Internet durchaus (eine Menge?) Geld verdienen. So weit, so gut. Aber wo jemand verdient, muß auch immer einer dafür zahlen, oder? Schließlich kostet der Betrieb des Internet einiges: Datenleitungen müssen verlegt oder gemietet werden, Rechner müssen betrieben werden und die Übertragung der Daten will auch bezahlt sein. Oder, um es anders auszudrücken: Wer bezahlt eigentlich das Internet? Um diese Frage zu beantworten, müssen wir uns einige Gedanken darüber machen, wem das Internet eigentlich gehört.

Was kostet die Welt?

Wie Sie gesehen haben, liegen die Ursprünge des Internet im regierungsamtlichen bzw. im Forschungsbereich, vor allem bei den Universitäten. Anfangs existierten einzelne Netze, die von Forschungsinstitutionen oder militärischen Einrichtungen betrieben wurden. Diese Institutionen mußten natürlich für die Kosten des von ihnen betriebenen Leitungsnetzes aufkommen. Diese Netze wurden entweder von Ihnen selbst gebaut oder aber von der nationalen Telekommunikationsbehörde angemietet. Auf jeden Fall kostete dies einiges. So wurde der Zugang zu diesen Netzen nur den Angehörigen der eigenen Institution gestattet. Nur wer zu der Organisation gehörte, die das Netz betrieb, durfte auch seine Daten auf diesem Netz verschicken. Das war letztlich ein Gebot der Sparsamkeit, da das Anmieten bzw. das Verlegen einer Datenleitung schließlich eine Menge Geld kostete.

Als dann Netze unterschiedlicher Betreiber begannen, miteinander zu kommunizieren, gestattete man auch den Benutzern fremder Datennetze, Daten auf den eigenen Leitungen zu versenden. Natürlich verschickte man im Gegenzug seine eigenen Daten über die Leitungen anderer Netzbetreiber. Mit zunehmendem Datenverkehr und zunehmender Kommerzialisierung des Internet machte man sich die Sache dann etwas einfacher: Man ließ sich die Durchleitung fremder Daten durch das eigene Datennetz bezahlen. Mittlerweile kann man sich das Geschehen auf dem Internet vorstellen wie auf einem Autobahnnetz, bei dem einzelne Strecken verschiedenen Eigentümern gehören. Auf dem Weg von einem Punkt A zum Zielpunkt B muß man über verschiedene Autobahnabschnitte und beim Passieren dieser Abschnitte eine

Nutzungsgebühr an den Besitzer des jeweiligen Streckenabschnittes bezahlen.

Ähnlich funktioniert das im Internet: Wenn man Daten von Rechner A zu Rechner B leiten will, so werden die versendeten Datenpakete über mehrere Netzwerke geleitet, die alle unterschiedlichen Betreibern gehören, die für die Durchleitung der Daten eine Gebühr erheben. Die Abrechnung nehmen die Betreiber der Netze untereinander vor, so daß man als Benutzer in der Universität oder einer Regierungsorganisation davon in der Regel nichts mitbekommt. Wie wir später sehen werden, ist die Abrechnung zwischen einzelnen Netzen ein nicht uninteressantes Problem.

Was machen Sie aber nun, wenn Sie kein Mitglied einer Regierungsorganisation oder einer Universität sind, aber trotzdem ins Internet wollen? Sie können sich mit Ihrem Rechner doch nicht einfach an ein fremdes Netz hängen, ohne dafür zu bezahlen. Also brauchen Sie eine Erlaubnis des Netzbetreibers, sein Netz zu benutzen. Da der Netzbetreiber das Netz bezahlt, welches Sie benutzen, und darüber hinaus auch noch dafür bezahlen muß, wenn Sie Ihre Daten von seinem Netz aus in andere Netze einspeisen, dürfte es sich von selbst verstehen, daß Sie den Zugang zu einem Netz nur gegen eine entsprechende Gebühr erhalten. Da aber Universitäten und Regierungsinstitutionen, also die Instanzen, welche über gut ausgebaute Netze verfügen, keine kommerziellen Institutionen sind, dürfte es sie nicht überraschen, daß es mittlerweile kommerzielle Unternehmen gibt, deren Geschäft darin besteht, Privatpersonen einen Zugang zum Internet zu verschaffen: Die sogenannten Provider.

Ein Provider ist ein kommerzielles Unternehmen, dessen Geschäft darin besteht, Privatpersonen einen Zugang zum Internet zu verschaffen. Zu diesem Zweck betreiben sie ein eigenes Netz und haben mit anderen Netzbetreibern Vereinbarungen über die Benutzung fremder Datennetze. In der Praxis sieht das dann so aus, daß Sie sich von Zuhause mit Ihrem PC auf dem Rechner des Providers einwählen und von diesem Rechner aus dann das Internet erkunden können. Dafür zahlen Sie dem Provider eine Gebühr.

Gegen diese Gebühr stellt der Provider den Internet-Zugang bereit. Da Sie sich über das Telefonnetz in den Rechner des Providers einwählen, müssen Sie darüber hinaus die Kosten für die Benutzung der Telefonleitung bezahlen. Die Kosten dafür können Sie dann auf Ihrer monatlichen Telefonrechnung nachlesen. Oft bieten Provider neben dem Zugang zum Internet noch zusätzliche Dienste an wie die Nutzung von Datenbanken oder interne Newsgroups. Die bekanntesten Provider sind America Online (AOL) und Compuserve.[4]

Fassen wir zusammen: Das Internet ist also ein Zusammenschluß verschiedener Netzwerke, die mit Hilfe eines gemeinsamen Kommunikationsprotokolls bei Bedarf miteinander verbunden werden können. Zugang zum Internet erhalten Sie also nur über jemanden, der ein Netzwerk besitzt (oder angemietet hat). Das kann dann ein kommerzieller Anbieter (Provider), eine Regierungsinstitution, ein Unternehmen oder aber eine Universität sein. Abbildung 3 veranschaulicht noch einmal die Funktionsweise des Internet.

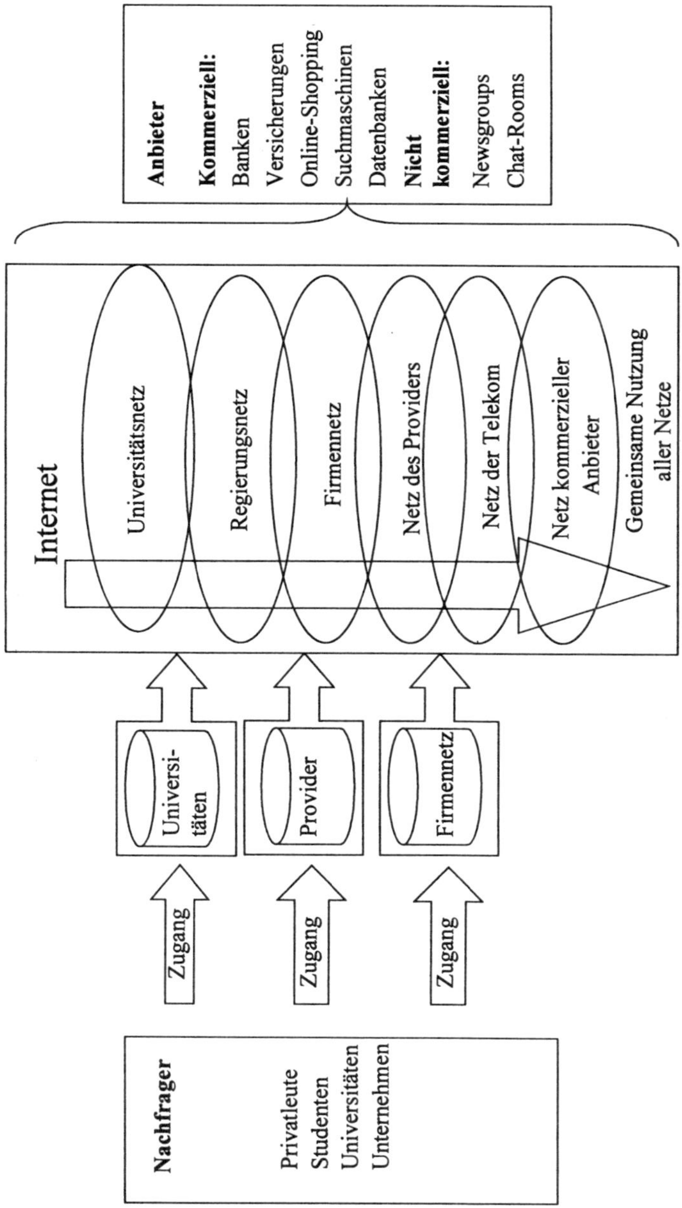

Abb. 3: Aufbau des Internet

Institutionen

Jetzt kennen Sie die Organsiation und den Aufbau des Internet und auch die wichtigsten Akteure: Die Netzbetreiber, unter denen es sowohl kommerzielle als auch nicht-kommerzielle gibt, die Firmen, die Ihre Waren oder Dienstleistungen im Internet anbieten, und die privaten Nutzer, die sich über die Provider ins Internet einwählen. Der Vollständigkeit halber sollten aber noch einige Institutionen erwähnt werden, die im Internet eine wichtige Rolle spielen. Zwar gibt es, wie Sie gesehen haben, keine zentrale Administration des Internet, aber dennoch gibt es einige Institutionen, welche sich mit dem laufenden Betrieb des Internet und seiner zukünftigen Entwicklung beschäftigen.

Die Internet Society (ISOC) wurde 1992 gegründet und ist ein nicht-kommerzielles Unternehmen mit dem Ziel, die Entwicklung des Internet als Infrastruktur für Forschung und Lehre zu fördern und ein Forum für die Entwicklung neuer Internet-Anwendungen zu sein. Das Internet Architecture Board (IAB) ist für die Weiterentwicklung des Internet verantwortlich und soll die Architektur des Internet und dessen Weiterentwicklung überwachen. Die Internet Research Task Force (IRTF) soll die langfristige Entwicklung des Internet vorzeichnen, während die Internet Engineering Task Force (IETF) aktuelle Entwicklungen im Internet, vor allem Aspekte der Standardisierung im Auge behalten soll.

Eine weitere wichtige Institution im Internet ist das Network Information Center (NIC), das in jedem Land existiert (in Deutschland ist es das DE-NIC, das Deutsche Network Information Center). Aufgabe dieser Institution ist es, die Namen und Adressen der Rechner im Netz zu verwalten. Ähnlich wie beim Telefonnetz müssen Sie im Internet darauf achten, daß jede Adresse eines Rechners, unter der Sie den Rechner anwählen können, nur einmal existiert. Diese Aufgabe übernimmt das jeweilige nationale NIC. Damit ist garantiert, daß jede Rechneradresse im Internet nur einmal existiert, wodurch Kollisionen bei der Namensvergabe - und damit bei der Adressierung der Rechner - vermieden werden. Wenn Sie nun einen bestimmten Rechner suchen, indem Sie dessen Adresse aufrufen, können Sie sicher sein, daß nur ein Rechner mit dieser Adresse existiert.

Eine letzte, eher informelle Institution im Internet ist die sogenannte Netiquette. Diese Wort setzt sich aus den Wörtern 'Netz' und 'Etikette' zusammen und bezeichnet einen Satz informeller Verhaltensregeln, denen sich jeder Benutzer des Internet unterwerfen sollte. So ist es z.B. verpönt, bestimmte politische oder moralisch inakzeptable Inhalte in das Netz bzw. die Diskussionsforen zu stellen oder aber unaufgefordert Werbung via E-Mail zu verschicken (das sogenannte 'Spamming').

Diese kurzen Ausführungen zu Internet-Organisationen sollen genügen, obwohl es derer noch viele weitere gibt. Nachdem wir nun Struktur und Funktionsweise des Internet kennengelernt haben, ist auch deutlich geworden, daß da noch eine Menge Fragen zu beantworten sind: Wie läßt sich das enorme Wachstum des Internet in den letzten Jahren erklären? Warum wurde TCP/IP ein Standard im Internet? Was unterscheidet im Internet gehandelte Produkte und Güter von herkömmlichen Gütern? Und welche Preise muß oder kann man im Internet wofür verlangen? All diesen Fragen wollen wir uns im nächsten Kapitel widmen.

Anmerkungen

1 Einen sehr detaillierten Abriß der Geschichte des Internet finden Sie in dem Buch von Salus, P.H., Casting the Net. From Arpanet to Internet and beyond, Reading, Massachusetts 1995.

2 Quelle: Internet 1998, URL: http://www.nw.com/zone/host-count-history.

3 Quellen: Informationsdienst der Deutschen Wirtschaft, Nr. 51/52 vom 18.12.1997, S. 7 und Frankfurter Allgemeine Zeitung Nr. 275 vom 26.11.1997, S. 17.

4 Eine Übersicht über Internet-Service Provider in Deutschland finden Sie in dem Buch von Lux, H., Der Internet-Markt in Deutschland. Provider und Dienstleister, Heidelberg 1995.

Anmerkungen

3. Ökonomische Grundlagen

It takes two to tango: Netzwerkeffekte und Standardisierung

Versetzen Sie sich in die Zeit zurück, als es noch keine Telefone gab. Damals mußte der Briefverkehr dafür sorgen, daß Kommunikation stattfinden konnte. Ein schneller Austausch von Gedanken, Ideen oder Anweisungen war damit natürlich nicht möglich. Das änderte sich erst grundlegend, als das Telefon erfunden wurde. (Allerdings gab es schon vorher den Telegraphen.)

Mit der Erfindung des Telefons war aber das Problem noch keineswegs gelöst: Warum sollte man sich ein Telefon zulegen, wenn damit noch so gut wie niemand erreicht werden konnte? Das tückische an Kommunikationstechnologien ist, daß sie so gut wie nutzlos sind, wenn nicht eine große Zahl Personen sich ihrer bedient. Das aber ist genau das Problem: Wenn Sie zögern, sich ein Telefon zuzulegen, weil niemand, den Sie kennen, ein Telefon besitzt, werden Ihre Freunde, Bekannten und Geschäftspartner genau dasselbe Problem haben. Dies ist eine kritische Situation, an der die Einführung einer neuen Technologie tatsächlich scheitern kann. Ökonomen nennen dies einen *Netzwerkeffekt*.

Damit eine Technologie, die Netzwerkeffekte impliziert, sich durchsetzt, muß es eine kritische Masse von Nutzern geben. Wenn diese erreicht oder überschritten ist, wird die Technologie quasi zum Selbstläufer: Heute hat eben jeder ein Telefon, ohne darüber nachdenken zu müssen, ob es sich auch lohnt – weil man eben erreichbar sein will. Man kann sogar sagen, daß es einen gewissen

Zwang gibt, sich ein Telefon zuzulegen, da man sonst zum Außenseiter wird.

Die Frage ist allerdings, bei welcher Zahl von Telefonnutzern die kritische Masse erreicht ist. Ohne weitere Annahmen ist es nicht möglich, eine exakte Zahl anzugeben. Wenn aber ein Viertel der Haushalte telefonisch erreichbar ist, dürfte der Druck schon relativ hoch sein, einen eigenen Telefonanschluß zu erwerben. Voraussetzung ist natürlich, daß die Leute sich etwas zu sagen haben!

Das Internet ist ein Kommunikationsmedium und unterliegt ebenfalls Netzwerkeffekten. Nehmen Sie als Beispiel die E-Mail. Diese Form der Nachrichtenübermittlung macht erst dann Sinn, wenn Ihr Kommunikationspartner ebenfalls über E-Mail verfügt. Was aber sollte diesen veranlassen, sich einen Internet-Anschluß zu besorgen, wenn er doch schon über Telefon, Fax und die gute alte *Snail Mail* (Schneckenpost) erreicht werden kann? Nun, die Antwort ist – wie so oft – ökonomischer Natur. E-Mail ist wesentlich billiger als die übrigen Arten der Nachrichtenübermittlung! Demgegenüber ist die Post tatsächlich nicht nur langsam wie eine Schnecke, sie ist auch viel teurer. Der Grund dafür ist sehr einfach: Die Post muß viele Briefträger, -verteiler u.s.w. beschäftigen, und das kostet Geld. Dies fällt bei E-Mail alles weg.

Obwohl die Kosten der Versendung einer E-Mail sehr niedrig sind, sorgen die Anschaffungskosten eines PCs mit Internet-Zugang dafür, daß man sich wohl überlegen muß, ob man sich diese Technik zulegt oder nicht. Dies ist ein Problem, das direkt mit den Netzwerkeffekten verbunden ist. Wenn Sie davon ausgehen könnten, daß alle Personen per E-Mail erreichbar wären, würden sich die Kosten der Anfangsausstattung lohnen und könnten schnell amortisiert werden, da mit jeder verschickten E-Mail die durchschnittlichen Kosten der E-Mail (alle Kosten, einschließlich der Anschaffungskosten des PCs) sinken. Hier schlägt aber der Netzwerkeffekt zu. In einer frühen Phase mit relativ wenigen Personen, die über E-Mail erreichbar sind, wird sich die Investition nicht lohnen, weil die Anschaffungskosten auf wenige E-Mails umgelegt werden, was zu recht hohen Kosten für eine E-Mail führt. Zu diesem Zeitpunkt befindet man sich noch im sinkenden Bereich der Durchschnittskosten. Mit jeder zusätzlichen E-Mail, die man verschickt, sinken die Kosten für die E-Mail, da die fixen Kosten auf eine immer größer werdende Zahl von E-Mails verteilt werden. In der Fachterminologie der Ökonomen sagt man, daß E-Mail hohe Fixkosten, aber sehr geringe variable Kosten (die Kosten einer E-Mail ohne die Anschaffungskosten für den Computer) hat. Dies bedeutet: Wenn man sich schon einen Computer mit Internet-Anschluß gekauft hat, wird man E-Mail sehr häufig nutzen, weil die Kosten einer zusätzlichen E-Mail immer weiter sinken. Oder andersherum gesagt: Wann werden Sie sich einen Computer anschaffen, wenn Sie nur einen E-Mail-Partner haben oder zwanzig? Wir würden letztere Alternative bevorzugen.

Damit haben wir die beiden wesentlichen wirtschaftlichen Effekte herausgearbeitet, die einer Verbreitung des Internet lange Zeit entgegen standen: hohe Anschaffungskosten für Computer mit Internet-Zugang und der Netzwerkeffekt. Diese Beschränkungen gelten natürlich nicht nur für E-Mail, sondern auch für andere Aktivitäten im Internet, v.a. auch für die Abwicklung von Geschäften im Internet.

Gerade die Geschäftsabwicklung über das Internet ist sowohl für die Unternehmen als auch für ihre Kunden reizvoll. Aus Sicht der Unternehmen kann die Präsentation viel besser erfolgen als ohne das Internet. Insofern dürfte es Sie nicht wundern, daß das Internet von Firmen zuerst praktisch ausschließlich zu Marketing-Zwecken verwendet wurde. Bevor aber auch die Geschäftsabwicklung großteils oder vollständig über das Internet abgewickelt werden kann, sind noch einige Fragen zu klären bzw. Probleme zu lösen. Damit sich die Internet-Präsenz aber überhaupt lohnt, muß sichergestellt sein, daß genügend tatsächliche und potentielle Kunden im Internet sind – d.h. der Netzwerkeffekt steht dem (wieder einmal) im Weg.

Die Bedingungen für eine weite Verbreitung des Internet haben sich in den letzten Jahren enorm verbessert. V.a. die Kosten für einen Internet-fähigen Computer sind sehr stark gesunken. Viel wichtiger war aber, daß die Bedienung einfacher wurde, so daß keine Programmierkenntnisse mehr erforderlich sind, um am Internet teilzunehmen.

Ökonomisch gesehen ist die Standardisierung der Datenübertragung in Form des Internet-Protokolls TCP/IP die entscheidende Voraussetzung für den Erfolg des Internet. Ohne solche Standards wäre das Leben sehr schwer, wenn nicht gar unmöglich. Nahezu alle technischen Erfindungen der neueren Zeit, die sich im Massenkonsum durchgesetzt haben, verdanken ihren Erfolg der *Standardisierung*. In einer Welt ohne Standardisierung müßte man z.B. für jeden Sender ein anderes Fernsehgerät haben, da jeder Sender eine andere Technik zur Ausstrahlung seiner Programme verwenden könnte. Zum Glück gibt es nur wenige verschiedene Fernsehsysteme: PAL, Secam und das amerikanische NTSC.

Was ist schon normal, oder: Wozu brauchen wir Normen?

Es gibt zwei unterschiedliche Wege, wie Standards zustande kommen. Der erste besteht darin, daß nach einer gewissen Experimentierphase mit unterschiedlichen Systemen vom Staat eine technische Normung vorgenommen wird, wobei in einer Vorschrift zwingend ein bestimmtes technisches Verfahren vorgeschrieben wird. Ein gutes Beispiel hierfür ist die Normung der Steckdosen. Der zweite Weg besteht darin, daß der Staat sich aus allem heraushält. Dann muß man abwarten, welche Systeme sich am Markt durchsetzen. Das Problem bei diesem Verfahren ist, daß nicht gewährleistet ist, daß das technisch beste System sich auch durchsetzt. Es hängt stark vom Zufall ab, welches System zuerst die kritische Masse erreicht. Überschreitet ein System diesen sogenannten *Tipping Point*, so haben die anderen Systeme so gut wie keine Chancen mehr. Man kann sich das bildlich wie eine Waage vorstellen. Sobald diese Waage in eine Richtung aus dem Gleichgewicht gebracht ist, gibt sie nach und steigt bzw. sinkt, bis die eine Seite auf dem Boden angekommen ist. Sie können sich vorstellen, wie hart der Wettbewerb ist, bis klar wird, welches Produkt die Quasi-Norm stellt! Der Grund dafür ist, daß die Hersteller sehr viel gewinnen, aber auch verlieren können.

Wenn der Wettbewerb so hart ist und dennoch nicht sichergestellt werden kann, daß das technisch beste System gewinnt, wäre es dann nicht besser, soviel wie möglich zu standardisieren bzw. zu normen? Die Antwort ist (leider) ein klares Nein. Der Hauptgrund ist, daß durch die Normung für einen einzelnen Anbieter ein Monopol für sein Produkt entsteht. Dies kann dann teurer verkauft werden, als es ohne Normung möglich wäre. Dadurch wird die Verbreitung der technischen Neuerung behindert. Volkswirtschaftlich wäre dies schädlich. Ein zweites Problem ist, daß nicht klar ist, *wann* die Standardisierung vorgenommen werden sollte. Kommt sie zu früh, sind die Techniken noch nicht ausgereift und die Weiterentwicklung der entsprechenden Alternativ-Techniken wird gebremst. Kommt sie zu spät, hat sich bereits ein Standard am Markt durchgesetzt und es wäre sehr teuer, einen anderen durchsetzen zu wollen. Sie sehen, Standardisierung und Normung sind Gratwanderungen. Es ist sehr schwer, den richtigen Zeitpunkt dafür zu finden.

Daher wird man sinnvollerweise nur dann staatlich verordnete Normungen akzeptieren, wenn sie für die weitere Entwicklung und aus Sicherheitsgründen sehr wichtig sind, wie dies das Beispiel der Steckdosen exemplarisch zeigt. Ansonsten bleibt uns nichts anderes übrig, als zu warten, was sich am Markt durchsetzen kann. Das Gute daran ist, daß ein de facto-Standard, der sich am Markt herausgebildet hat, ständig in Gefahr ist, durch bessere technische Verfahren abgelöst zu werden. Daher haben auch die Hersteller der marktführenden Produkte einen Anreiz, sich stets Verbesserungen einfallen zu lassen. Solange sie keine wirkliche Marktmacht haben, ist das unproblematisch. Aber wehe, wenn diese Bedingung nicht mehr erfüllt ist! Dann kann es dazu kommen, daß der Marktführer Neuentwicklungen einfach aufkauft, um sie in der Mottenkiste verschwinden zu lassen. Dies darf nicht geschehen, da es volkswirtschaftlich schädlich wäre, auf diesem

Weg den technischen Fortschritt zu behindern. Hier ist die staatliche Wettbewerbspolitik gefordert, dafür zu sorgen, daß so etwas nicht vorkommt.

Die meisten Geräte bedürfen zu ihrer Funktionsfähigkeit gewisser Bestandteile, die nur dann kostengünstig hergestellt werden können, wenn sehr große Stückzahlen davon produziert werden. Nehmen Sie nur einen herkömmlichen Computer: Ohne einen Standard bei Betriebssystemen wäre es nahezu unmöglich, ausreichend Software dafür zu produzieren. Bei einem standardisierten Betriebssystem wissen die Programmierer, daß ihre Programme auf einer sehr großen Anzahl von Geräten laufen werden – und damit die potentielle Nachfrage nach dem Produkt sehr groß werden kann.

Dieses Argument wiegt um so schwerer, als es sich beim Internet um den Datenaustausch zwischen unterschiedlichen Computern handelt. Bevor die Menschen per Computer miteinander kommunizieren können, müssen erst einmal die Rechner untereinander kommunizieren können. Eine Sprachenvielfalt, wie sie zwischen den Staaten der Erde noch vorherrscht, darf es nicht geben, wenn der Datenaustausch schnell und zu niedrigen Kosten erfolgen soll. Genau dies erlaubt der Standard TCP/IP.

Nachdem dieser Standard etabliert war, ergab sich eine wahre Explosion in der Nutzung des Internet. Mit dazu beigetragen hat die Entwicklung der Programmiersprache HTML (Hypertext Mark-up Language), mit der es sehr einfach ist, selbst Homepages zu programmieren und ins Netz zu stellen. Heute sind Makros in dieser Sprache verfügbar, die das Programmieren entweder ganz überflüssig oder zu einem Kinderspiel machen. Während das Internet lange Zeit eine Domäne der Wissenschaftler war, die darüber Daten austauschen konnten, entwickelte es sich unter den neuen Bedingungen immer mehr zu einer Datenautobahn für alle. Noch ist dieses Ziel nicht vollständig erreicht. Wie Sie wahrscheinlich aus eigener leidvoller Erfahrung wissen, ist der Fernseher weitaus leichter zu bedienen als der Computer. Dies ist auch der wichtigste Hinderungsgrund dafür, daß noch nicht in (fast) jedem Haushalt ein Internet-fähiger Computer steht.

Die sinkenden Hardware-Kosten zusammen mit der Standardisierung der Technik haben also dazu beigetragen, den Netzwerkeffekt zu überwinden. Noch ist es keine Selbstverständlichkeit, jemanden über E-Mail zu erreichen. Aber wenn Sie sich umschauen, werden Sie sehen, daß diese Form der Kommunikation immer mehr um sich greift. Man kann davon ausgehen, daß die kritische Masse bereits erreicht ist und damit das Expansionstempo weiter zunehmen wird. Dies ist um so eher der Fall, als auch heute schon die technische Möglichkeit besteht, über das Internet zu telefonieren und zu faxen. Wenn die Leute erst einmal herausgefunden haben, um wieviel billiger dies sein kann gegenüber den herkömmlichen Formen des Telefonierens und Faxens, dürfte der Bann endgültig gebrochen sein.

Die steigende Nutzung des Internet hat aber nicht nur gute Seiten, sondern auch problematische. Zu letzterer zählt der Stau auf dem Information Highway.

Wie man verhindert, Opfer des eigenen Erfolges zu werden: Internet Pricing

Mittlerweile ist die Auslastung der bestehenden Netze soweit gediehen, daß es auf der vielgerühmten Datenautobahn schon zu Staus in den Verkehrsspitzenzeiten kommt. Dabei entstehen diese Staus auf ähnliche Weise wie auf richtigen Autobahnen, nämlich in erster Linie durch Flaschenhälse. Die Flaschenhälse des Internet sind bestimmte Knotenpunkte, über die der Datenverkehr geleitet wird. Die Leitungen der einzelnen Provider (die Organisationen, die – wie wir im zweiten Kapitel erklärt haben - einem den Internet-Zugang erst ermöglichen) reichen i.d.R. bis zum nächsten Hauptknoten, in den der Verkehr dann einfließt. Werden die Hauptknoten und –verbindungen kapazitätsmäßig nicht dem Datenaufkommen entsprechend angepaßt, sind Staus unumgänglich.

Die große Frage ist daher, ob es ausreichende Anreize für die Provider gibt, das Datennetz auszubauen.

Die Beantwortung dieser Frage hat sehr viel damit zu tun, ob und wieviel die Nutzer für die Benutzung der Datenautobahn zahlen und an wen diese Zahlungen letztlich gehen. Nur wenn die Zahlungen hoch genug sind und an denjenigen Prodvider gehen, der die Knotenpunkte und Hauptverkehrswege betreibt, besteht für diese ein Anreiz, für zügigen Datenfluß zu sorgen.

Es gibt drei Verfahren, wie die Nutzer für die Benutzung des Information Highway zur Kasse gebeten werden können:

- Pauschale: Es wird ein fester DM-Betrag pro Monat vereinbart, den jeder Nutzer unabhängig von der tatsächlichen Netznutzung zahlen muß.
- Nutzungsabhängiger Tarif: Jeder Nutzer zahlt für die Zeit oder die Datenmenge, mit der er das Netz nutzt. D.h. es handelt sich hierbei um ein Zahlungsverfahren, das direkt an die Beanspruchung des Netzes gekoppelt ist.
- Zweiteiliger Tarif: Dieser besteht aus einem Pauschalbetrag sowie zusätzlich einer nutzungsabhängigen Komponente.

Die ökonomischen Unterschiede dieser Zahlungsverfahren sind beachtlich. Da eine Pauschale unabhängig von der Nutzung gezahlt werden muß, kann sie auch als Eintrittsgebühr ins Netz angesehen werden. Ist man auf diese Weise erst einmal ans Netz angeschlossen, gibt es keinen ökonomischen Grund mehr, sich in der Nutzung zu beschränken, da – wie die Ökonomen es so schön ausdrücken – die Kosten für eine weitere Surf-Minute (Grenzkosten) fast null sind. Daher kann man sagen, daß eine Pauschale zu einer Alles-oder-nichts-Entscheidung führt: Entweder man geht ins Internet oder man läßt es bleiben; hat man sich erst einmal für einen Internet-Anschluß entschieden, wird die Zeit im Netz maximiert.

Die Konsequenzen dürften schnell klar werden: Da die Grenzkosten der Netznutzung null sind (abgesehen von den Telefonkosten bis zum nächsten Einwahlknoten), führt eine hohe Nutzung nicht zu entsprechend höheren Kosten. Der Weg in den Stau ist damit vorprogrammiert – es sei denn, die Eintrittsgebühr ist so hoch, daß nur wenige überhaupt ans Netz wollen.

Bei einem rein nutzungsabhängigen Tarif sieht das ganz anders aus. Hierbei wird jede Netzminute gezählt und wird auf der Rechnung sichtbar. Es besteht demnach ein starker Anreiz, sich zu überlegen, wie lange man im Netz bleiben will. Staus scheinen daher weniger wahrscheinlich. Zudem kann man die Preise für die Netznutzung zeitlich staffeln, wie das beim Telefon schon gang und gäbe ist. Man nennt dies auch *Peak Load Pricing* (etwa: Verkehrsspitzentarife). Es taucht aber ein anderes Problem auf. Dies hängt damit zusammen, daß der Nutzer auch längere Zeit von einem Surfen im Netz absehen kann, der Provider während dieser Zeit aber Kosten hat, da er für alle (tatsächlichen und potentiellen) Nutzer sein Netz und seine Server ständig bereithalten muß. Dies Kosten müßte er dann auf die Preise pro Surf-Minute umlegen – eine unschöne Angelegenheit, da er dadurch womöglich teurer wird als seine Konkurrenten und Kunden verliert.

Allen diesen Problemen kann man ausweichen, wenn man die dritte Variante wählt, nämlich einen zweiteiligen Tarif, bestehend aus einer Pauschale und einer nutzungsabhängigen Komponente. Es müßte Ihnen schon aus dem vorher diskutierten klar sein, warum diese Variante vorteilhaft ist: Sie erlaubt es dem Provider, seine eigenen Fixkosten (d.h. die nutzungsunabhängigen Kosten) mit der Pauschale zu decken und die variablen Kosten über den nutzungsabhängigen Teil des Tarifs.

Dies klingt nicht nur wie die perfekte Lösung, es ist sie. Zwar können sich Provider kurzfristig damit einen Vorteil verschaffen, daß sie nur eine Pauschale verlangen. Aber es dürfte hinlänglich klar sein, wo der Hase im Pfeffer liegt: Der Provider hat keinen Anreiz, dafür zu sorgen, daß sein Netz so ausgestaltet ist, daß es nicht zu einem Stau kommt! Zudem schädigt der Provider mit diesem Verfahren auch noch die übrigen Provider, da seine Kunden auch deren Netze verstärkt in Anspruch nehmen. Glücklicherweise können diese sich mittels ihrer eigenen Preispolitik davor schützen, nämlich indem sie von den angeschlossenen Providern Nutzungsgebühren verlangen, die von der Verkehrsdichte, die diese verursachen, abhängig sind.

Werden die Tarife in dieser Weise als zweiteilige Tarife mit Pauschale und nutzungsabhängiger Gebühr aufgebaut, kann der Verkehrsinfarkt auf der Datenautobahn vermieden werden. Denn in dieser Situation hat jeder Provider einen Anreiz, Staus durch entsprechende Wahl der Netzkapazitäten zu vermeiden: Er erhält Zahlungen, die ihm den Netzausbau ermöglichen und er ist von der Abwanderung seiner Kunden zu anderen Providern bedroht, wenn er der Netzausweitung nicht nachkommt und Staus entstehen. In den Computer-Zeitschriften kann man entsprechend auch Messungen über die Schnelligkeit des Datenzugriffs bei den jeweiligen Providern nachlesen.

Wozu die Aufregung? Besonderheiten elektronischer Produkte

Bisher können wir davon ausgehen, daß die meisten Güter und Dienstleistungen in materieller Form existieren bzw. erbracht werden müssen. So interessant die Idee eines immateriellen (schmerzlosen!) virtuellen Zahnarztes auch sein mag, ist es doch kaum vorstellbar, die Dienstleistungen eines Zahnarztes per Internet in Anspruch nehmen zu können. Zwar kann man sich mittlerweile per Internet über das Angebot an Waren und Dienstleistungen informieren und eventuell sogar beraten lassen, die Güter und Leistungen selber bleiben aber meist der physischen Welt verhaftet. Schade.

Was also kann das Internet leisten? Welche Produkte können elektronisch geliefert werden? Grundsätzlich eignen sich *Informationen* ausgezeichnet dazu, elektronisch gehandelt zu werden. Sie sind ohne weitere Umstände in digitaler Form darstellbar und können per Netz verschickt werden. Damit lassen sich folgende elektronische Produkte bzw. Dienstleistungen unterscheiden:

- Internet Marketing,
- Home- und Electronic Banking,
- Buchungen,
- Auktionen,
- Online-Shopping,
- Software sowie
- alle Arten von Daten.

Internet Marketing betrifft in erster Linie Unternehmen. Dabei ist es nicht unbedingt erforderlich, daß die Produkte oder Dienstleistungen des Unternehmens auch per Internet bezogen werden können. Die Verbreitung des Internet läßt das Internet Marketing auch für Unternehmen interessant werden, die nur über das Netz werben wollen.

Homebanking und Electronic Banking generell sind Bankdienstleistungen, die unmittelbar über das Netz abgewickelt werden können. Ihr Vorteil ist, daß man nicht mehr an irgendwelche Öffnungszeiten gebunden ist, es keine Wartezeiten gibt und praktisch von jedem Ort der Welt Geschäfte durchgeführt werden können (Ortsunabhängigkeit). Damit werden die Transaktionskosten für Bankaktivitäten stark gesenkt. Hinzu kommt noch, daß diese Form der Abwicklung von Bankgeschäften viel weniger personalintensiv ist und daher wesentlich billiger sein kann als die Geschäftsabwicklung in der Bank. Es ist zu erwarten, daß v.a. die routinemäßigen Bankgeschäfte immer mehr in den Bereich des Electronic Banking verschoben werden. Dadurch werden die Banken von Alltagsfragen weitgehend entlastet und können sich verstärkt dem Beratungsgeschäft – bei Geldanlage und Kreditaufnahme – widmen.

Des weiteren werden Online-Buchungen im Bereich von Reisen jeglicher Art zunehmen. Schon heute ist es möglich, per Computer Pauschalreisen, Geschäftsreisen u.s.w. zu buchen, ohne ein Reisebüro zu betreten. Auch ist es möglich, Fahrkarten der Bahn, Flugtickets und anderes mehr von zu Hause aus zu kaufen. Selbst Hotelbuchungen per Internet sind recht einfach möglich. Auch in diesem Bereich kann erwartet werden, daß diese Buchungsform in Zukunft kräftig ansteigen wird. Damit werden natürlich die Reisebüros unter Druck gesetzt. Damit diese überleben können, werden sie viel stärker als bisher auf Beratungsleistungen für die Reisenden setzen müssen.

Darüber hinaus können *elektronische Agenten* eingesetzt werden. Darunter kann eine Art lernfähiger Automat verstanden werden, der auf die individuellen Bedürfnisse des jeweiligen Nutzers zugeschnitten ist und entsprechend diesen Informationsbedürfnissen quasi automatisch Informationen zu den entsprechenden Gebieten sammelt und zur Verfügung stellt. Auf diese Weise kann man das Netz systematisch nach Informationen absuchen lassen.

Kaufen und kaufen lassen: Auktionen und Online-Shopping

Das Internet ist ferner ein nahezu ideales Medium für Auktionen. Bei Auktionen werden Dinge versteigert, und derjenige, der den höchsten Preis bietet, bekommt die Sache oder Leistung. So werden bereits Flugreisen per Internet versteigert. Die Möglichkeiten sind fast unbegrenzt. Besonders bequem ist dabei die Ortsunabhängigkeit, die bei allen Geschäften im Internet vorhanden ist. Man braucht nicht mehr an entsprechenden Orten physisch anwesend zu sein und kann dennoch teilnehmen.

Bei Auktionen besteht das Problem darin, daß man sich vorher überlegen muß, was einem der Gegenstand oder die Dienstleistung maximal wert ist, d.h. also, was man maximal zu zahlen bereit ist. Wenn man sich das erst einmal überlegt hat, ist das wichtigste schon getan. Alle anderen Teilnehmer tun übrigens exakt dasselbe.

Es gibt verschiedene Arten von Auktionen: Solche, bei denen bis zu einem bestimmten Zeitpunkt die Gebote eingegangen sein müssen und erst danach die Personen anhand des höchsten Gebots ermittelt werden, andere bei denen die Bietenden anwesend sind und auf die Gebote ihrer Mitbewerber reagieren können. Weiterhin gibt es Auktionen, bei denen man den selbst genannten Preis zahlen muß, wenn man zum Zuge kommt, und solche, bei denen man den Preis zahlen muß, den der zweithöchste Bieter genannt hat (Überlegen Sie einmal, welchen Sinn dieses Verfahren haben könnte!) sowie Auktionen, bei denen man bei jedem Gebot den Erhöhungsbetrag, den man nennt, auch zahlen muß u.s.w. Sie sehen, der Phantasie sind kaum Grenzen gesetzt.

Warum gibt es überhaupt Auktionen? Der Bäcker um die Ecke verkauft seine Brötchen ja auch nicht in morgendlichen Auktionen. Nun, Auktionen lohnen sich v.a. dann, wenn es sich um einmalige Gegenstände handelt (Gemälde, Schmuckstücke etc.), für die es keine Marktpreise im eigentlichen Sinn gibt, da die Einmaligkeit einen solchen Markt verhindert. Da die Zahlungsbereitschaft der potentiellen Käufer unbekannt ist, versteigert man den Gegenstand und man erfährt so – zumindest indirekt – die Zahlungsbereitschaften (genauer: die Zahlungsbereitschaft des zweithöchsten Bieters, da dieser danach aussteigt); lediglich die genaue maximale Zahlungsbereitschaft des tatsächlichen Käufers kann man nicht erfahren, er braucht den zweitbesten ja nur geringfügig zu überbieten und kann immer noch unter seiner maximalen Zahlungsbereitschaft bleiben.

Auktionen werden aber auch verwendet, um leicht verderbliche Waren zu verkaufen (Blumen, Getreide etc.). Da es um große Gütermengen geht, lohnt sich der Aufwand für eine Auktion. Und daran sehen Sie schon die Ursache dafür, warum der Bäcker seine Brötchen nicht jeden Tag versteigert: die Transaktionskosten wären zu hoch. Womit wir wieder beim Internet wären! Das Internet ist – wie schon erwähnt – in der Lage, Transaktionskosten zu senken. Und das gilt auch bei Auktionen. Diese können im Internet angekündigt und auch zu sehr geringen Kosten über das Internet durchgeführt werden. Letzteres ist v.a. für Auktionen möglich, bei denen sukzessive überboten werden kann, aber auch für Auktionen, die nur einmal ein Gebot erfordern. Da die Kosten einer Internet-Auktion sehr niedrig sind, kann damit gerechnet werden, daß ihre Zahl stark ansteigen wird. Ein Problem ist nur insofern vorhanden, als die Beteiligten 'nur zum Spaß' teilnehmen, ohne ihre Aktionen als rechtlich verbindlich anzusehen. Dem kann man abhelfen, wenn man digitale Signaturen verwendet und damit die Identität und Authentizität der Beteiligten bzw. ihrer Handlungen gewährleistet. Dadurch werden die Aktionen rechtlich verbindlich und unbestreitbar. (Mit der digitalen Signatur werden wir uns später noch näher beschäftigen.)

Immer beliebter wird auch das Online-Shopping, das Einkaufen im Internet. Alle großen Versandhäuser sind im Netz präsent, und ihre Angebote werden stark genutzt. Das Entscheidende ist, daß man in Ruhe *weltweit* aus elektronischen Katalogen auswählen und bestellen kann und die Ware sehr schnell geliefert wird. Ein weiterer Bereich, in dem sich Online-Shopping bereits durchgesetzt hat, ist das Bestellen von Büchern und CDs via Internet. Man kann in riesigen virtuellen Buch- und CD-Regalen stundenlang herumsuchen zu jeder beliebigen Tageszeit. Dies ist die entscheidende Stärke von Online-Shopping: Man braucht nicht einmal das Wohnzimmer zu verlassen, um einkaufen zu gehen. Zudem wird man nicht von Ladenschlußzeiten in Hektik versetzt. Auch hier stehen – wirtschaftlich betrachtet – die Transaktionskostenersparnisse im Mittelpunkt und forcieren die Nutzung dieser neuen Angebote.

Last but not least eignen sich Software und alle möglichen Arten von Daten für den Bezug über das Internet. Hier kann die Lieferung sogar sofort stattfinden und der Nutzung steht nichts mehr im Weg. Jedes neue Computerspiel kann (zumindest theoretisch) so bezogen werden, ebenso Börsen- oder andere Wirtschaftsdaten.

Zusammenfassend kann man also feststellen, daß in erster Linie solche wirtschaftlichen Aktivitäten dem *Electronic Commerce* zugänglich sind, in denen Daten übertragen werden. Genau das ist die spezifische Stärke des Internet. Dadurch wird es möglich, viele Zeit- und Wegekosten einzusparen, d.h. die Transaktionskosten sinken. Die Folge davon wird sein, daß mehr solcher Transaktionen – sprich: Käufe und Verkäufe – getätigt werden als vorher. Und dieser Aspekt ist ökonomisch der interessanteste.

Zwei Probleme bestehen aber dennoch und sind nicht gelöst, nämlich die Fälschbarkeit von Dokumenten sowie das Bezahlen per Internet. Auf letzteres Problem werden wir später noch zurückkommen. Die Fälschbarkeit ist immer dann gegeben, wenn unsichere Wege der Datenübermittlung verwendet werden oder wenn Personen sich unter falschem Namen Güter und Dienstleistungen verschaffen wollen, ohne dafür zu bezahlen. Zwar hinterläßt man immer Datenspuren im Netz, aber mit Tricks kann die Identifizierung eines solchen Täters unmöglich gemacht werden. Dieses Problem wird erst dann zufriedenstellend gelöst sein, wenn digitale Signaturen im Geschäftsverkehr verwendet werden. Dadurch wären sowohl die Identifikation wie auch das Sicherstellen von nicht manipulierbaren Dokumenten möglich. Sie sehen also, der langfristige Erfolg des Electronic Commerce hängt entscheidend von der Lösung sicherheitstechnischer Probleme ab. Aus diesem Grunde werden wir uns später noch ausführlicher mit der Sicherheit der im Netz versandten Daten beschäftigen.

Electronic Commerce hat noch eine weitere Besonderheit. Kleine und mittelständische Unternehmen haben gegenüber Großunternehmen einen ganz entscheidenden Nachteil, und das ist der *Vertrieb*. Damit Produkte weit verbreitet werden können, braucht entweder der Hersteller einen eigenen Vertrieb oder er bedient sich der Vertriebsleistungen anderer. Beides kostet Geld. Auf jeden Fall kann ein Unternehmen mit noch so guten Ideen und Produkten nichts verdienen, wenn es nicht in der Lage ist, seinen potentiellen Kunden mitzuteilen, welches seine Produkte und Leistungen sind sowie wie man sie möglichst einfach beziehen kann. Für Großunternehmen lohnt sich der Aufbau eines eigenen Vertriebsnetzes oder aber das Unternehmen hat Marktmacht gegenüber Zwischenhändlern und kann diese leicht dazu bringen, seine Produkte zu verkaufen. Für alle anderen Unternehmen stehen diese Wege nicht so einfach offen. Ein eigener Vertrieb ist oft zu teuer – zumindest wenn er auf herkömmlichem Weg stattfindet. Aber auch bei Zwischenhändlern tun sich kleine und mittlere Unternehmen schwer, weil sie i.d.R. zu geringe Umsätze haben.

Auch hier kann das Internet Abhilfe schaffen. Die Präsenz im Netz kann von kleinen und mittleren Unternehmen dazu genutzt werden, mit verhältnismäßig geringen Kosten und wenig Aufwand gezielt Marketing für ihre Produkte zu betreiben. Zum zweiten kann auf diesem Weg der Vertrieb insofern vereinfacht und daher verbilligt werden, als die Bestellung und Auftragsabwicklung ebenfalls elektronisch vorgenommen werden können. Auf diese Weise kann die Wettbewerbsfähigkeit dieser Unternehmen gesteigert werden.

Was kostet ein Bit? Preisbildung bei elektronischen Produkten[1]

Wie eben dargestellt, bestehen elektronische Produkte aus digitalisierten Daten. Neben Software-Produkten sind es v.a. Zeitschriftenartikel, Bücher und sonstige Daten, die sehr leicht über das Netz vertrieben und bezogen werden können. Diese elektronischen Produkte haben eine Eigenschaft, welche die Preisbildung enorm erschwert: Sie sind (fast) kostenlos reproduzierbar! Sobald auch nur ein Exemplar in Umlauf ist, kann es beliebig of kopiert werden, ohne daß der Hersteller etwas davon weiß oder gar etwas daran verdienen kann. In der Fachsprache der Ökonomen heißt das: Die Herstellung eines elektronischen Produktes ist mit hohen Fixkosten und sehr geringen variablen Kosten verbunden.

Nehmen Sie z.B. eine Enzyklopädie wie die Encyclopedia Britannica – ein Standardwerk schlechthin. Es kostet Millionen DM, ein solches Werk zu erarbeiten – und es kann auf zwei CDs untergebracht werden. Die Vervielfältigung (das Brennen neuer CDs) ist im wahrsten Sinne des Wortes spottbillig. Die Fixkosten sind so gewaltig, daß sie einen eigenen Namen bekommen haben: die Kosten der ersten Kopie[2]. Daraus ergibt sich ein schwieriges Problem: Zu welchem Preis soll das Produkt verkauft werden?

Verstehen kann man das Problem erst dann richtig, wenn man weiß, daß auf Wettbewerbsmärkten i.d.R. die Preise den Grenzkosten entsprechen. Die Grenzkosten sind diejenigen Kosten, die für die Produktion einer zusätzlichen Einheit des Gutes aufgewandt werden müssen. Aber gerade diese Kosten sind bei elektronischen Produkten fast null! Sollen die Hersteller ihre Produkte etwa verschenken??? Und wovon sollen sie die Entwicklungskosten finanzieren? Warum sollen die Hersteller dann überhaupt noch elektronische Produkte herstellen, wenn sie damit nichts verdienen können? Hier wird es offenbar schwierig!

Stellen Sie sich vor, es gibt mehrere Hersteller einer bestimmten Software, die zwar verschiedene Namen hat, aber ansonsten identisch ist. Die potentiellen Kunden wissen das auch. Weiterhin sei angenommen, daß die Kosten einer zusätzlichen Kopie der Software 2 DM pro Stück kostet. Die Fixkosten (also die Kosten, die unabhängig von der Zahl der produzierten Kopien aufgewendet werden müssen) sollen 100 DM betragen. Im Ausgangszustand soll der Verkaufspreis für diese Software 3 DM betragen, so daß bei allen Herstellern die Durchschnittskosten (fixe plus variable Kosten dividiert durch die produzierte Stückzahl) gerade gedeckt sind. D.h. der Gewinn ist null. Dies ist leider kein Gleichgewicht an diesem Markt. Das kann folgendermaßen verdeutlicht werden: Ein Hersteller überlegt: „Wenn ich einen niedrigeren Preis fordere, sagen wir 2.80 DM pro Kopie, dann kann ich von den anderen Herstellern genug Kunden abwerben, so daß der Erlöszuwachs (Preis mal der zusätzlich an die neuen Kunden abgesetzte Menge) größer ist als mein Kostenanstieg! Das funktioniert, weil durch die größere Produktionsmenge meine Durchschnittskosten nur durch die variablen Kosten ansteigen, da der Fixkostenblock von 100 DM auf eine größere Stückzahl umgelegt wird und damit die durchschnittlichen Fixkosten sinken.“ Gesagt, getan. Und zunächst geht diese Rechnung auch auf und der Hersteller macht einen Gewinn (in Abbildung 4 ist das Beispiel noch einmal durchgerechnet). Das beobachten aber alle anderen Hersteller und folgen dieser Preissenkung, um ihre Kunden wieder zurückzugewinnen. Dann haben aber alle Hersteller ein Problem: Die Strategie, zusätzliche Kunden durch Preissenkungen anzulocken, funktioniert nicht, wenn alle Hersteller den Preis senken. Die Hersteller machen dann bei unveränderter Absatzzahl (100 Stück) Verluste, da ein Preis von 2.80 DM pro Kopie die Kosten nicht mehr deckt. Also senken sie die Preise weiter, um von den Konkurrenten wiederum Kunden abzuwerben und so aus den roten Zahlen zu kommen. Dieses Spiel geht solange weiter, bis alle Hersteller einen Preis von 2 DM pro Kopie verlangen und alle Verluste machen. Mit dauerhaften Verlusten kann man aber nicht lange weiterarbeiten. Folglich müssen solange Hersteller aus der Produktion aussteigen und vom Markt verschwinden, bis wieder Kostendekkung erreicht wird. Es ist gut möglich, daß nur ein Hersteller übrig bleibt – und der ist dann Monopolist!

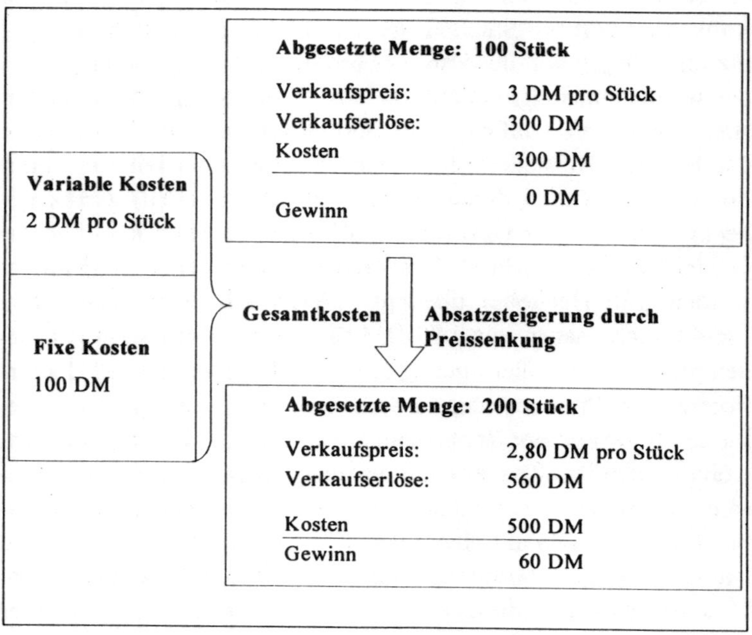

Abbildung 4: Das Prinzip der Fixkostendegression

Obwohl die Produkte sich sehr ähnlich sind (Ist Ihnen schon einmal aufgefallen, wie schnell Megaperls in Mode gekommen sind?), bieten sie offensichtlich genügend Charakteristika, um sich voneinander abzugrenzen (und sei es nur der Geruch). Produktdifferenzierung liegt also dann vor, wenn *aus Sicht der Verbraucher* die Produkte ähnlich, aber nicht gleich sind. Wenn das der Fall ist, stellen die Produkte keine perfekten Substitute untereinander mehr dar.

Die Bedeutung der Produktdifferenzierung liegt nun darin, daß für die Hersteller eine gewisse Marktmacht entsteht, die darin besteht, daß sich Spielräume für die Preissetzung eröffnen. Es muß unter diesen Bedingungen nicht mehr davon ausgegangen werden, daß jede Abweichung von der Grenzkosten-Regel automatisch zu einem Verschwinden vom Markt führt. Je größer die Marktmacht ist (d.h. als je einzigartiger ein Produkt angesehen wird), desto größer sind die Preissetzungsspielräume.

Nun heißt das natürlich nicht, daß der Preis beliebig hoch gesetzt werden kann, denn schließlich wollen die Hersteller etwas verdienen. Das können sie aber nur, wenn sie trotz hoher Preise noch einen ausreichend hohen Absatz realisieren können. Die Hersteller sind mithin in ihrer Preissetzung beschränkt durch die Nachfragekurve für ihr Produkt (das gilt sogar für einen Monopolisten). Sie werden dann denjenigen Preis wählen, der ihren Gewinn maximiert. Je stärker die Verbraucher aber bei Preiserhöhungen vom Kauf des Produktes absehen, desto kleiner ist der Preissetzungsspielraum.

Damit können wir wieder zu elektronischen Produkten zurückkehren. Die Vielfalt der Software ist nun einfach zu erklären: Da die Hersteller darauf achten müssen, daß die Konkurrenz mit anderen Herstellern nicht zu stark wird, müssen sie Produkte auf den Markt bringen, die anderen Produkten zwar ähnlich sein können, sich aber in irgendeiner Komponente von den anderen unterscheiden müssen. Das ist der Grund dafür, daß es so viele Textverarbeitungssysteme, Lexika etc. gibt. Nur auf diesem Weg ergibt sich ein Preissetzungsspielraum, der es den Herstellern ermöglicht, die

Kosten der ersten Kopie über die Verkaufspreise wieder hereinzuholen.

Die durch die Produktdifferenzierung notwendigerweise entstehende Marktmacht kann noch weiter genutzt werden. Auf Märkten mit Wettbewerb ist es normalerweise nicht möglich, ein und dasselbe Gut zu unterschiedlichen Preisen an die Verbraucher zu verkaufen. Wenn ich weiß, daß mein Nachbar die Brötchen beim Bäcker zum halben Preis bekommt, ich aber nicht, werde ich ihn bitten, für mich Brötchen mitzukaufen (eventuell durch eine kleine Beteiligung an meinem Vorteil). Der Bäcker kann das nicht kontrollieren und folglich auch nicht verhindern.

Bei Marktmacht ist Preisdifferenzierung (der Verkauf desselben Produkts an unterschiedliche Personen zu unterschiedlichen Preisen) nicht mehr so einfach zu verhindern. Insbesondere dann nicht, wenn die Käufer leicht zu unterscheiden sind und ein Weiterverkauf nicht zu erwarten ist. Die wichtigste Vorbedingung neben der Marktmacht für Preisdifferenzierung ist, daß die Käufer unterschiedliche Zahlungsbereitschaften haben und es beobachtbare Indizien für die Zahlungsbereitschaft gibt. Letzteres ist ein Problem, da kein Kunde freiwillig bereit ist, seine Zahlungsbereitschaft preiszugeben, da er damit rechnen muß, daß der Verkäufer dies ausnutzt. Hat der Verkäufer die Indizien für die tatsächliche Zahlungsbereitschaft erkundet, muß er nur noch sicherstellen, daß ein Käufer mit hoher Zahlungsbereitschaft auch das für ihn vorgesehene Produkt kauft.

Eine Möglichkeit zur Verwirklichung dieser Preisdifferenzierung besteht darin, unterschiedliche Ausführungen ein und desselben Produktes anzubieten – also Produktdifferenzierung beim eigentlich identischen Produkt! Ganz schön clever. Man kann z.B. Luxuseditionen eines Computerspiels herausbringen oder aber man bietet Studentenversionen beispielsweise eines Statistikprogramms an, das zwar prinzipiell alle Eigenschaften des Produktes enthält, aber in einigen Funktionsbereichen Einschränkungen unterliegt. Gerade letzteres hat etwas merkwürdiges: Der Hersteller *verschlechtert absichtlich* sein Produkt[3], nur um mehr davon verkaufen zu können – höchst seltsam! Der Zweck besteht darin, auch die weniger zahlungsfähigen Studenten zum Kauf des Produkts zu bewegen, ohne daß befürchtet werden muß, daß diese das Produkt an Personen mit höherer Zahlungsbereitschaft weiterverkaufen. So kann der Hersteller weitere Kunden gewinnen und seinen Gewinn erhöhen – und sich dabei noch rühmen, etwas für das Bildungswesen getan zu haben, und zwar zu recht. Denn ohne die Möglichkeit zur Preisdifferenzierung würden Studierende entweder die teure Version kaufen oder auf das Programm verzichten müssen.

Wie schon angedeutet, spielt Preisdifferenzierung bei elektronischen Produkten ein wichtige Rolle. Sie garantiert, daß es sehr viele verschiedene Arten von Software etc. gibt, obwohl die hohen Fixkosten der Herstellung ein ernstes wirtschaftliches Problem darstellen. Preisdifferenzierung ermöglicht es dann, auch für eine weite Verbreitung des Produkts zu sorgen und so auch teure Produkte weniger zahlungsfähigen Personen zugänglich zu machen. Und da sage noch einer, Marktwirtschaft sei unsozial!

Abschließend soll noch eine weitere Preisbildungsmethode dargestellt werden, die ebenfalls bei elektronischen Produkten eine nicht zu unterschätzende Rolle spielt, nämlich *Produktbündelung*. Diese liegt vor, wenn unterschiedliche Produkte zusammen gepackt und zu einem bestimmten Preis verkauft werden. Bestes Beispiel dafür ist *Microsoft Office*. Falls Sie es noch nicht kennen sollten: Es handelt sich dabei um den Verkauf eines Bündels von Programmen (MS Word, Excel, Access) zu einem Preis, der deutlich niedriger ist, als wenn die Programme einzeln gekauft würden. Aber warum tut Microsoft das? Ist Bill Gates mittlerweile so reich, daß er unter die Wohltäter gegangen ist?? Dem ist natürlich nicht so, und das wollen wir uns einmal näher ansehen.

Betrachten wir einmal zwei Professoren Anton und Berta und zwei wissenschaftliche Zeitschriften, die *Zeitschrift für Mikroökonomie* (Zmik) und die *Zeitschrift für Makroökonomie* (Zmak).[4] Professor Anton ist Spezialist für Mikroökonomie und ist bereit, 240 DM für die Zmik, aber nur 200 DM für die Zmak zu zahlen. Professor Berta hat als Experte für Makroökonomie eine gerade entgegengesetzte Zahlungsbereitschaft: 240 DM für Zmak und

200 DM für Zmik. Verkauft der Verlag beide Zeitschriften getrennt, so ist es für den Verlag gewinnmaximierend, jede Zeitschrift zu 200 DM zu verkaufen, und beide Professoren kaufen jeweils ein Exemplar von beiden. Daraus resultiert ein Erlös von 800 DM für den Verlag.

Bündelt der Verlag nun die Zeitschriften, kann er einen höheren Erlös und Gewinn erzielen, wenn die Zahlungsbereitschaft der Professoren für das Zeitschriftenbündel der Summe der Zahlungsbereitschaften für die einzelne Zeitschrift entspricht. Der Verlag würde das Zeitschriftenbündel bestehend aus Zmik und Zmak für 440 DM anbieten und damit einen Erlös von 880 DM erzielen. Der Grund für diesen Erlös- und Gewinnanstieg besteht darin, daß die Bündelung die Verschiedenheit der Zahlungsbereitschaften reduziert. Der Verlag kann an die beiden Professoren die gebündelten Zeitschriften zu einem Preis verkaufen, welcher der durchschnittlichen Zahlungsbereitschaft entspricht, und dies ist i.d.R. profitabler.

Ein weiteres praktisches Problem quält die Herausgeber von elektronischen Zeitschriften ebenso wie die Bereitsteller von Datenbanken. Es scheint nämlich so zu sein, daß die Nutzer dieser Medien bzw. Dienste nicht bereit sind, kleine Beträge für das Lesen einzelner Artikel oder die Nutzung kleiner Datenmengen zu zahlen. Das hat Zeitschriften im Internet schon an den Rand des Ruins gebracht. Diese Zeitschriften können nur deshalb noch im Netz gehalten werden, weil sie nicht über Gebühren der Leser, sondern Werbeeinnahmen finanziert werden. Wie kommt das?

Zunächst liegt dies daran, daß es bisher immer noch kein voll funktionsfähiges Zahlungssystem im Internet für sog. *Micropayments* (Zahlung kleinster Beträge) gibt. Auf dieses Problem wird an anderer Stelle noch detailliert einzugehen sein. Aber das ist möglicherweise nicht einmal der Hauptgrund. Dieser wird zunehmend darin gesehen, daß die Nutzer einfach diese Zahlung von kleinen Beträgen nicht wollen. Die Erklärung: Wenn für jeden Artikel einer elektronischen Zeitschrift eigens gezahlt werden muß, dann muß sich der Leser vor dem Lesen darüber Klarheit verschaffen, ob er bereit ist, diesen Betrag auch zu zahlen. Dies ist lästig und verursacht psychische Entscheidungskosten. Die Folge: der potentielle Leser wird ärgerlich und verzichtet auf die Lektüre! Mit anderen Worten: die Nutzer werden eher bereit sein, einen festen Betrag im voraus für eine elektronische Zeitschrift oder das Nutzen von Datenbanken zu bezahlen, um dann ungestört entscheiden zu können, welche Artikel oder Daten sie tatsächlich nutzen wollen (sozusagen zum Nulltarif). Tatsächlich geht die Preispolitik der Anbieter in diese Richtung eines Abonnements (Beispiel: Internetzeitschrift *Slate*).

Noch ein weiteres Phänomen ist erwähnenswert. Vielleicht ist es Ihnen schon aufgefallen, daß man Internet-Browser ebenso wie das Programmier-Toolkit JAVA zum Nulltarif bekommt. Soll das etwa auch noch rational sein? Nun, wenn Sie das Kapitel über Netzwerkeffekte aufmerksam gelesen haben, könnten Sie zumindest eine Idee davon haben, warum das durchaus eine vernünftige Strategie sein kann.

Damit Browser und Programmiersprachen sich tatsächlich durchsetzen, ist es erforderlich, daß möglichst viele Anwender diese auch nutzen. Ein einheitlicher Browser macht es erst möglich, Webseiten kostensparend mit nur wenigen Hilfsmitteln in standardisierter Form zu erstellen und dann auch auf allen Bildschirmen laden zu können. Eine weitverbreitete Programmiersprache hat den Vorteil, daß Programme leicht ausgetauscht werden können. Und damit entsteht der gefürchtete Netzwerkeffekt! Bei der Entscheidung für oder gegen einen Browser wird eher sein Verbreitungsgrad als seine technische Überlegenheit eine Rolle spielen, es sei denn, Sie lieben es, Robinson Crusoe auf einer einsamen Insel zu sein. Oder haben Sie nicht auch schon einmal daran gedacht, daß Apple das weit bessere Betriebssystem hat als Microsoft? Und dennoch verwenden Sie höchstwahrscheinlich Microsoft Windows 98 oder Windows NT! Der Netzwerkeffekt erklärt das offensichtlich sehr gut. Übrigens ist es eher die Regel als die Ausnahme, daß technisch schlechtere Produkte sich am Markt durchsetzen – wegen des Netzwerkeffekts! Insofern gilt auch hier: Wer zu spät kommt, den bestraft der Markt.

Zurück zu den Browsern. Auch hier gibt es eine anschauliche Geschichte. Sun Microsystems hatte nämlich einen der ersten voll funktionsfähigen Browser entwickelt und machte dann einen entscheidenden Fehler: Sie wollten ihn verkaufen und nicht verschenken! Die Folge war, daß Sun auf den Browsern sitzen blieb, da der Netzwerkeffekt wieder einmal gnadenlos zugeschlagen hatte. Die kritische Masse an Nutzern wurde nicht erreicht, andere Hersteller machten das Rennen, indem sie ihre Browser verschenkten. Übrigens machte Sun diesen Fehler kein zweites Mal: Als JAVA entwickelt war, verschenkte man diese Programmiersprache an die Nutzer!

Und wo bleibt der Gewinn? Nun, Sun verschenkt nicht nur Programmiersprachen, sondern verkauft auch Rechnersysteme etc., auf denen ihre eigenen Programme besonders gut laufen. Ähnliches gilt für die Hersteller von Browsern: Den Gewinn machen sie mit Hardware- und Software-Produkten - z.B. für den Betrieb von Servern - oder aber sie sind werbefinanziert. Der Absatz der genannten Produkte bzw. die Werbeeinnahmen sind um so höher, je mehr Personen die entsprechenden Browser benutzen. Hübsch, nicht wahr?

Anmerkungen

1 Siehe zu diesem Abschnitt Shapiro, C. und Varian, H. R., Information Rules, Boston/Mass. 1999, dem einige Ideen dieses Abschnitts zugrunde liegen. Auch für das gesamte dritte Kapitel ist dieses Buch relevant.
2 Vgl. dazu ebenda, S. 20 ff.
3 Vgl. ebenda, S. 63.
4 Siehe zum folgenden Beispiel ebenda, S. 73 ff. Siehe auch Varian, H.R., Pricing Information Goods, 1995, in: Internet: URL: ftp://alfred.sims.berkeley.edu/pub/Papers/price-info-goods.pdf.

4. Das Internet und die Arbeitsmärkte

Wer hat recht?

Nachdem wir nun wissen, wie das Internet funktioniert und welche Möglichkeiten es bietet, wird es Zeit, sich den Auswirkungen des Internet auf die Wirtschaft eines Landes zu widmen. Und wenn man heutzutage über ökonomische Themen diskutiert, dann kommt die Sprache recht bald auf Arbeitsmarktprobleme. Deshalb wollen wir uns jetzt dem Arbeitsmarkt zuwenden.

Die Palette der vermuteten Auswirkungen einer vermehrten Nutzung des Internet auf den Arbeitsmarkt ist recht vielfältig: Die einen versprechen sich davon die Beschäftigungschance des kommenden Jahrtausends, während andere Stimmen – vor allem im Zusammenhang mit dem für Ökonomen nur schwer erträglichem Begriff der Globalisierung – vor den negativen Beschäftigungswirkungen einer zunehmenden Vernetzung der Welt warnen. Die Argumentation beider Seiten hört sich recht überzeugend an. Also scheint sich mal wieder die alte Weisheit bewahrheiten: Drei Ökonomen, vier Meinungen. Im folgenden wollen wir diese doch recht gegensätzlichen Positionen näher erläutern und auf die Güte ihrer Argumentation abklopfen. Was das Internet in den nächsten Jahren für den Arbeitsmarkt bedeuten wird, können wir Ihnen nicht mit Sicherheit sagen, aber wir werden zumindest andeuten, welche Möglichkeiten und Herausforderungen sich für die Arbeitsmarktpolitik des nächsten Jahrtausends ergeben könnten. Dabei werden wir in einem ersten Schritt untersuchen, wie das Internet das Arbeitsleben und die Organisation des Arbeitsmarktes verändern wird, um uns im Anschluß daran einer altbekannten

Frage zu stellen: Vernichtet technischer Fortschritt (denn darum handelt es sich beim Internet letztlich) Arbeitsplätze oder schafft er zusätzliche Beschäftigung? Doch zunächst wollen wir einmal überlegen, wie der Arbeitsmarkt im Zeitalter das Internet aussehen könnte.

Unternehmer aller Länder, organisiert euch!

Wenn man sich heute die moderne Management-Literatur anschaut, so muß man zu der Ansicht gelangen, daß bis heute ein ziemlicher Schlendrian in sämtlichen Unternehmen geherrscht haben muß. Die Verheißungen der modernen Management-Literatur haben wohlklingende Namen wie 'Reenginering', 'Outsourcing', 'Total Quality Management', 'Lean Production' oder 'Workflow Organization'. Allesamt mit einfachen Schlagwörtern umschriebene Konzepte (natürlich englische Schlagwörter - was dem jeweiligen Konzept in den Ohren des germanischen Betrachters bereits eine Art höherer Weihe verleiht), deren Aussage überspitzt formuliert darin besteht, daß man bisher alles falsch gemacht hat. Ganz so schlimm ist es natürlich nicht: Diese neuen Konzepte, die wir uns nun etwas näher anschauen wollen, konnten sich erst so richtig durchsetzen, als die zu ihrer Umsetzung notwendige Technologie aufkam. Und das war natürlich – wie kann es anders sein – das Internet. Um das näher zu erklären, ist zuerst ein kleiner Ausflug in die Organisationstheorie notwendig.

Vor dem Aufkommen des Internet waren Unternehmen in der Regel funktionsorientiert organisiert: Jede Tätigkeit wurde einem Beschäftigten zugeordnet. Nehmen wir einmal an, Sie bestellen etwas bei einem Unternehmen: Ein Sachbearbeiter nimmt Ihre Bestellung entgegen, prüft sie und benachrichtigt Sie, daß Ihr Auftrag angenommen wurde. Dann reicht er den Auftrag an den nächsten Sachbearbeiter weiter, der den Auftrag an das Lager weiterreicht, die Zusammenstellung der Ware überwacht und den

Liefertermin festlegt. Ist die bestellte Ware lieferfertig, so übergibt er den Vorgang an den nächsten Sachbearbeiter, der sich um die Auslieferung kümmert. Ein weiterer Sachbearbeiter ist dann für die Erstellung der Rechnung zuständig. Die Organisation des Unternehmens ist also an den Funktionen ausgerichtet, die bei der Bearbeitung eines Auftrages verrichtet werden müssen. Diese arbeitsteilige Organisation entspringt nicht zuletzt auch dem Gedanken der Spezialisierung: Je stärker sich ein einzelner Arbeitnehmer auf eine bestimmte Tätigkeit spezialisiert, um so besser und effizienter kann er diese bewältigen. Für jede Tätigkeit hat man im Unternehmen nun einen Spezialisten: Einen Spezialisten für die Auftragsannahme, einen Spezialisten für die Auftragsbearbeitung und so weiter. Abbildung 5 verdeutlicht noch einmal die Idee der funktionsorientierten Organisation. Dieses funktionsorientierte Konzept wird jedoch von neueren Organisationstheorien abgelehnt. Warum sollte dieses Konzept negativ zu bewerten sein, vor allem angesichts der Tatsache, daß Ökonomen in der Arbeitsteilung einen Weg zu mehr Wohlstand und Reichtum sehen?

Die Antwort ist einfach: Auch die Vorteile der Arbeitsteilung haben ihre Grenzen, und oft kann man auch zuviel des Guten tun. Wie Sie sehen, nimmt ein Auftrag einen langen Instanzenweg durch das Unternehmen, was nicht nur eine Menge Zeit und Koordinationsaufwand kostet, sondern auch äußerst unhandlich werden kann, wenn sie beispielsweise nach Vergabe des Auftrages anrufen, um sich zu erkundigen, wann die Lieferung erfolgen wird. Sie rufen bei Ihrer Kontaktperson in der Auftragsaufnahme an, die natürlich nicht weiß, wie weit Ihr Auftrag mittlerweile gediehen ist. Also verbindet er Sie weiter an Sachbearbeiter Nr. 2, der Sie dann an das Lager weiterverbindet oder an die Produktion. Bis Sie wissen, wann Ihr Auftrag fertig ist, haben Sie den Text in der Warteschleife des firmeneigenen Telefonnetzes (in drei verschiedenen Sprachen) auswendig gelernt.

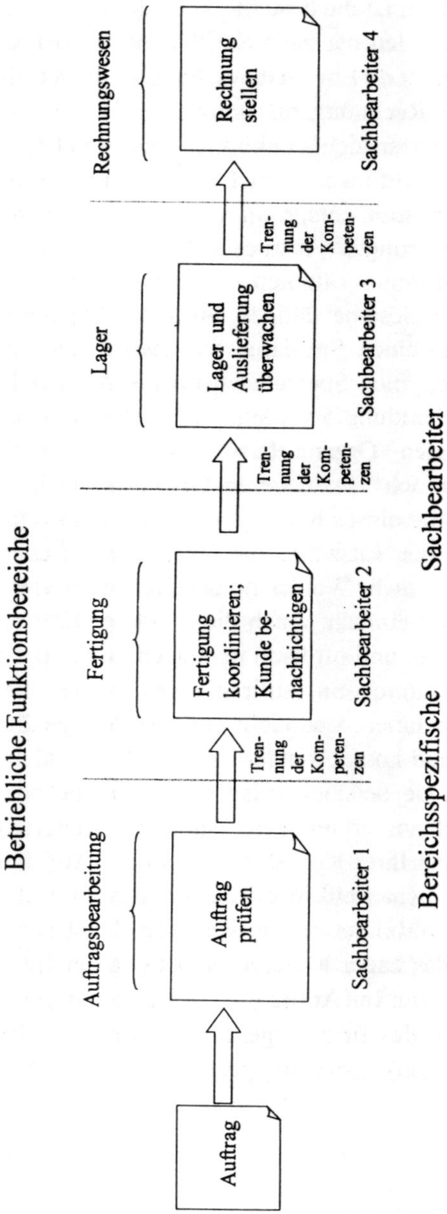

Abb. 5: Funktionsorientierte Organisation

Was sich der Kunde wünscht, ist eine umfassende Bearbeitung seines Auftrags aus einer Hand: Ein Sachbearbeiter gibt Auskunft über den Stand des Auftrags, überwacht diesen, kümmert sich um die Auslieferung und stellt auch die Rechnung aus. Eine solche Organisation eines Unternehmens kann man als objektorientiert bezeichnen: Jedem Mitarbeiter wird ein bestimmtes Objekt (in unserem Beispiel: der Auftrag) zugeordnet, und dem betreffenden Mitarbeiter obliegen alle Verrichtungen, die mit diesem Objekt verbunden sind. In unserem Beispiel also würde die Annahme, Verwaltung, Terminierung, Auslieferung und Rechnungsstellung Ihres Auftrages bei einem Sachbearbeiter liegen. Die Vorteile liegen auf der Hand: Der betreffende Sachbearbeiter, Case Worker genannt, ist jederzeit über den Stand des Auftrages informiert, bei der Bearbeitung des Auftrages entstehen keine Zeitverluste (oder gar Informationsverluste) durch das Weiterreichen des Auftrages an einen anderen Sachbearbeiter, die Kontrolle über den betreffenden Auftrag ist in einer Hand und notfalls lassen sich kurzfristige Änderungen schnell und ohne größere Abstimmungsprobleme bewerkstelligen. Diese Form der objektorientierten Organisation nennt man in der Wissenschaft prozeßorientiert, da Sie sich an den Unternehmensprozessen (wie z.B. Auftragsbearbeitung) ausrichtet. Abbildung 6 veranschaulicht die Idee der Prozeßorientierung.

Also scheint die Objektorientierung eine gute Idee zu sein, oder? Warum hat man diese Idee nicht bereits vor Jahren umgesetzt? Ein Grund mag sicherlich darin liegen, daß man für diese Form der Organisation entscheidend darauf angewiesen ist, daß man stets den Überblick über den Stand des einzelnen Objektes (Auftrages) bewahren kann. Das klingt leichter als es ist: Man braucht ständig Rückmeldungen von der Fertigung (wann kann geliefert werden?), vom Lager (wann wird ausgeliefert?) und vom Rechnungswesen (ist die Zahlung eingegangen?). Mit anderen Worten: Der Case Worker muß in ständigem Kontakt mit allen Bereichen des Unternehmens stehen. Sie haben es sicherlich erraten: Hier kommt das Internet ins Spiel.

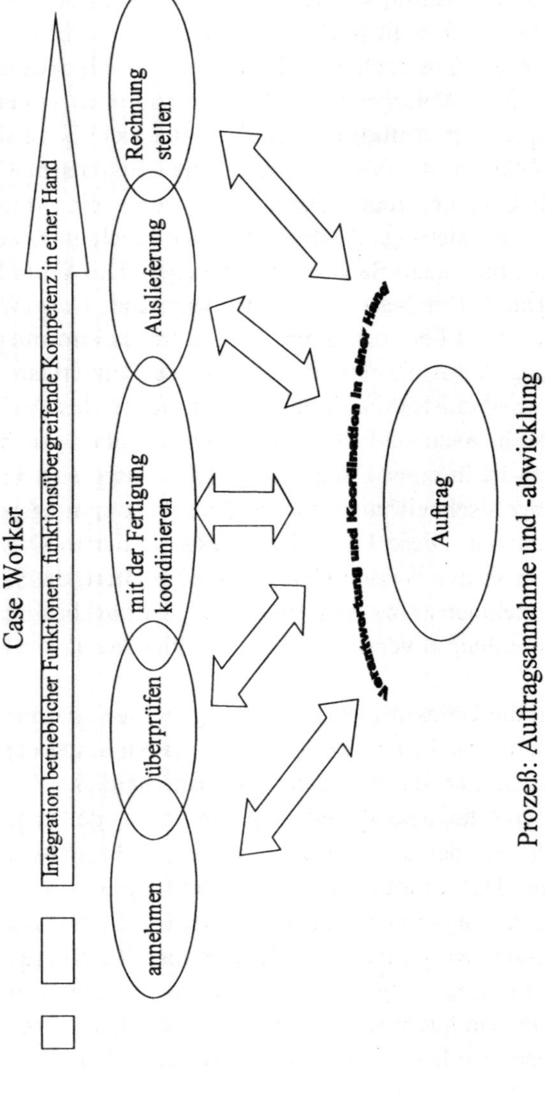

Abb. 6: Prozeßorientierte (objektorientierte) Organisation

Wenn es darum geht, Informationen zwischen einzelnen Abteilungen eines Unternehmens zu verschicken, so ist das Internet eine ideale Lösung dafür: Es gewährleistet eine einfache, schnelle Übertragung von Daten über weite Entfernungen und zwischen unterschiedlichen Rechnern und Softwaresystemen. Oft gehen Unternehmen auch dergestalt vor, daß Sie ein eigenes Netzwerk aufbauen, das auf TCP/IP aufbaut, ohne dieses aber für die Benutzer anderer Netze zugänglich zu machen (also zu einem Bestandteil des Internet zu machen). Diese unternehmenseigenen Netze werden dann als Intranets bezeichnet. Intranets vernetzen ein Unternehmen weltweit und ermöglichen einen innerbetrieblichen Datenaustausch zwischen den einzelnen Abteilungen.

Mit Hilfe eines Intranets kann man nun eine prozeßorientierte Organisation verwirklichen. In einem vollvernetzten Unternehmen ist es jederzeit möglich, Informationen aus allen Teilbereichen des Unternehmens abzurufen. Damit ist gewährleistet, daß sich ein Sachbearbeiter jederzeit über den Stand Ihres Auftrages informieren kann, unabhängig davon, in welchem Stadium der Bearbeitung sich dieser gerade befindet. Und mehr noch: Sogenannte Workflow-Systeme sorgen dafür, daß jeder Arbeitsschritt elektronisch gesteuert und abgewickelt wird. Sobald ein Auftrag geprüft und seine Annahme bestätigt wurde, veranlaßt das Workflow-System alle weiteren notwendigen Schritte: Es fragt automatisch die Lagerbestände ab, benachrichtigt die Produktion über den Bedarf und fragt bei der Buchhaltung die Bonität des Auftraggebers ab. Ein Workflow-System ist also sozusagen eine Art elektronischer Botenjunge, der, sobald ein Vorgang (z.B. eine Bestellung) ausgelöst wurde, alle notwendigen organisatorischen Schritte einleitet. Abbildung 7 verdeutlicht die Funktionsweise eines Workflow-Systems.

Sie sehen, mit dem Aufkommen des Internet bzw. der Internet-Technologie wurde es möglich, die Organisation eines Unternehmens ohne Zeitverluste prozeßorientiert sinnvoll zu gestalten. Das bedeutet gleichzeitig eine Reduktion der bisherigen betrieblichen Arbeitsteilung. Statt Auftragsbearbeitern, Auftragsverwaltern und Sachbearbeitern in der Buchhaltung gibt es nur noch 'Case Worker', d.h. Beschäftigte, die einen Prozeß, einen 'Fall' (Case), bearbeiten. Eine Auftragsabwicklung in einem prozeßorganisierten Unternehmen mit Workflow-Systemen sieht dann in etwa wie folgt aus: Den zuständigen Case Worker (früher hätte man wahrscheinlich Sachbearbeiter gesagt) erreicht ein Auftrag. Darauf hin informiert er sich mit Hilfe des Intranets bei der Fertigung und beim Lager, in welchem Zeitraum man den Auftrag ausführen und ausliefern kann. Das Workflow-System reicht den Auftrag dann automatisch weiter an die Fertigung und informiert auch das Rechnungswesen über diesen Vorgang. Sobald der Auftrag gefertigt worden ist, wird die Ware automatisch ans Lager ausgeliefert; gleichzeitig erfolgt über das Workflow-System eine Rückmeldung an den Case Worker, daß die Ware nun ausgeliefert werden kann, woraufhin dieser den Auftraggeber informieren kann. Gleichzeitig ergreift das Workflow-System alle für die Rechnungserstellung notwendigen Maßnahmen und legt diese dem Case Worker vor. Bezahlt der Kunde die Rechnung, so wird der Case Worker auch automatisch über das Ende des Vorgangs informiert.

Die Vorteile dieser Organisationsform liegen auf der Hand: Der Sachbearbeiter hat eine höhere Auskunfts- und Kontrollkompetenz über den Vorgang, er kann sich jederzeit über den Stand des Auftrages informieren und gegebenenfalls auch noch Änderungen veranlassen, ohne daß dazu das ganze Unternehmen mit einbezogen werden muß. Und nebenbei reduziert man auf diesem Weg auch die Anzahl der für die Überwachung des Tagesgeschäfts erforderlichen Mitarbeiter. Da man nun niemanden mehr benötigt, der die einzelnen Sachbearbeiter überwacht und koordiniert, kann man auf etliche Stellen im mittleren Management verzichten. In der Fachwelt nennt man das eine Verflachung der Hierarchien: Statt beispielsweise drei Führungsebenen (Sachbearbeiter, mittleres Management, Top-Management) werden nur noch zwei Hierarchie-Ebenen benötigt, man kann auf das sogenannte mittlere Management verzichten. (Eine häßliche Sache, wenn Sie Betriebswirtschaftslehre studieren und sich für Posten im mittleren Management qualifiziert haben.)

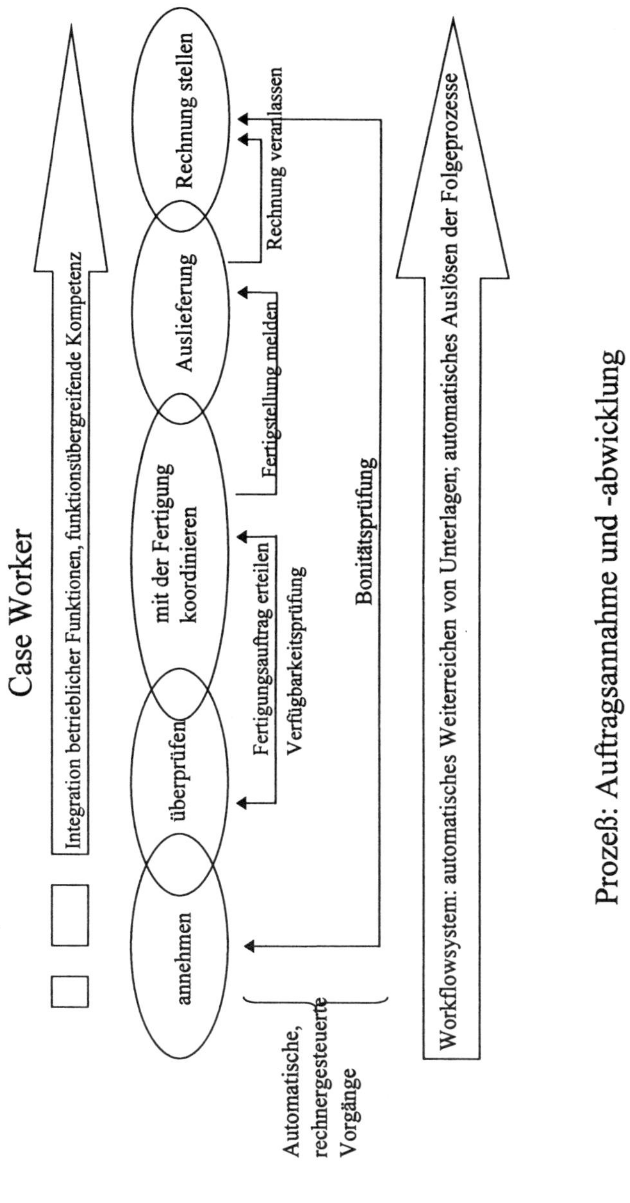

Abb. 7: Grundprinzip eines Workflow-Systems

Bemerkenswert an dieser Entwicklung ist, daß auf diesem Weg die innerbetriebliche Arbeitsteilung reduziert wird, was natürlich auch die Anforderungen an die Beschäftigten verändern wird. Die Fachwelt spricht hier von Job-Enrichment und Job-Enlargement. Wie Sie anhand des obigen Beispieles erkennen können, erweitert eine prozeßorganisierte Organisation das Aufgabenfeld eines Beschäftigten: Er muß nun beispielsweise nicht nur Auftragseingänge bearbeiten, sondern auch die Fertigung und Auslieferung überwachen und die Abrechnung steuern. Die Jobs in prozeßorientierten Unternehmen werden also um einige Aufgabengebiete und Kompetenzen bereichert (Job-Enrichment) und erweitert (Job-Enlargement). Das bedeutet für die Arbeitnehmer, daß ihr Arbeitsplatz an sie höhere Anforderungen stellen wird, da sie sich nun nicht mehr nur mit dem recht eng begrenzten Aufgabenfeld der Auftragsannahme beschäftigen müssen, sondern eine Vielfalt weiterer Tätigkeiten übernehmen werden. Gleichzeitig erhalten die einzelnen Stelleninhaber mehr Kompetenzen, da sie nun den Auftrag über dessen gesamten Lebenszyklus begleiten und alle Entscheidungen, die mit diesem Auftrag zusammenhängen, übernehmen. Entscheiden Sie selbst, ob Ihnen diese Aussicht auf ein neues Arbeitsleben gefällt. Sicherlich gefällt sie Ihnen um so besser, je eher Sie erwarten können, selbst eine solche Position einnehmen zu können und je höher das damit verbundene Gehalt sein wird. Wie sich dieses entwickeln wird, läßt sich natürlich nicht ohne weiteres voraussagen, allerdings wird die durch die Einführung der Prozeßorientierung bedingte Erhöhung der Produktivität auch den Verteilungsspielraum verbessern und damit grundsätzlich höhere Einkommen ermöglichen.

Doch das sind noch nicht alle Auswirkungen, welche das Internet auf die Arbeitswelt haben wird, es kommen noch weitere hinzu. Warum sollte man die Technologie des Internet (oder Intranet) nur dazu nutzen, die innerbetriebliche Arbeitswelt zu verändern? Das Internet ermöglicht auch eine Umgestaltung der Beziehungen des Unternehmens zur Außenwelt. Das Zauberwort hierfür heißt Extranet. Auch dies verlangt nähere Aufmerksamkeit.

Vom Intranet zum Extranet

Die Grundidee ist simpel: Wenn man ein Unternehmen dadurch effizienter und schlagkräftiger machen kann, indem man es vernetzt, dann liegt es doch nahe, dieses auch mit der unternehmensrelevanten Außenwelt, nämlich den Kunden und den Lieferanten, zu vernetzen. Diese Idee trägt den Namen Extranet. Unter einem Extranet versteht man eine Anbindung eines Unternehmens an die Außenwelt über einen TCP/IP-Standard, also salopp gesagt eine Anbindung des Unternehmens an das Internet. Welche Vorteile verspricht man sich davon?

In einem ersten Schritt kann ein Unternehmen seine Produkte mittels einer unternehmenseigenen Homepage im Internet präsentieren, man versucht also via Extranet weitere Kunden zu erreichen. Ein nächster Schritt kann darin bestehen, mit den Kunden über das Internet zu kommunizieren. So kann man Kunden auffordern, via E-Mail Beschwerden, Bestellungen oder Verbesserungsanregungen an das Unternehmen zu senden. Weitere Möglichkeiten, das Internet für den Kontakt mit Kunden zu nutzen, bestehen in der Einrichtung eines Kundeninformationssystems oder auch dem direkten Versand von Preis- und Produktinformationen oder Angeboten an Kunden oder Interessierte. Damit werden die Kunden in das Extranet eingebunden. Das kann soweit gehen, daß die elektronische Bestellung des Kunden direkt durchgereicht wird in die Fertigung.

Aber auch die Lieferanten kann man über das Internet enger an das eigene Unternehmen anbinden. Die standardisierte Welt des Internet bietet die Möglichkeit, mit den Lieferanten über das Internet in Kontakt zu treten, ohne daß dazu eine vorherige Abstimmung mit dessen Rechnerinfrastruktur notwendig ist. So kann man Bestellungen bei den Lieferanten ebenso über das Internet aufgeben wie Speditionsaufträge oder Qualitätssicherungsdokumente. Man kann sogar einen Schritt weiter gehen und das Lager des eigenen Unternehmens mit der Fertigung des Zulieferers kurzschließen: Sobald der Lagerbestand an Fertigteilen unter ein bestimmtes Soll sinkt, geht automatisch eine elektronische Bestellung an den Zulieferer. Die Zulieferung erfolgt dann so abgestimmt, daß nur ein geringer Lagerbestand als Reserve im belieferten Unternehmen vorgehalten wird ('just in time'). Wenn dieses System funktioniert, dann können Unternehmen darauf verzichten, hohe (und damit teure) Lagerbestände zu halten.

Mittels des Internet ist es sogar möglich, Lieferanten und Kunden vollständig in den Fertigungsprozeß einzubinden: Die Kunden geben Ihre individuellen Wünsche bei der Bestellung zu Protokoll, und der für diesen Auftrag zuständige Case Worker leitet die Bestellung an die Fertigung weiter und klärt, ob dieser Auftrag nach den individuellen Kundenwünschen angefertigt werden kann. Die Fertigung fordert dann via Extranet vom Zulieferer die für den Auftrag benötigten Einzelteile an. Da man für einen individuellen Fertigungsauftrag speziell benötigte Teile nun erst bei Bedarf geliefert bekommt, kann man individuelle Kundenwünsche berücksichtigen, ohne dafür ein (riesiges) Lager unterhalten zu müssen. Und je mehr die Lieferanten in die unternehmenseigene Organisation eingebunden werden, indem man die Fertigung - und damit den Bedarf an Fertigbauteilen - mit der Fertigung des Lieferanten via Extranet synchronisiert, um so flexibler wird man mit der eigenen Fertigung. Am Ende einer solchen Entwicklung könnte sogar - zumindest in einigen Bereichen - das `Ende der Massenfertigung´ stehen: Die durch die Nutzung des Internet ermöglichten neuen Organsiationsformen verschaffen einem Unternehmen die Möglichkeit, ein Standardprodukt gemäß individueller Kundenwünsche zu modifizieren. So gibt es bereits Computerhersteller, bei denen Sie einen individuell nach Ihren Wünschen gefertigten Rechner bestellen können.

Neben der für uns als Verbraucher interessanten Aussicht, endlich nicht mehr dem Diktat der Massenfertigung ausgesetzt zu sein (vielleicht endlich den rosa Porsche zu fahren), beschert die Existenz des Internet auch Unternehmen eine ganz neue Perspektive. Wie Ihnen sicherlich aufgefallen ist, wird durch die Nutzung des Internet eine sehr viel engere und bessere Anbindung einzelner Unternehmen aneinander möglich: Sie können Ihre Fertigungen miteinander synchronisieren und aufeinander abstimmen und so agieren, als würde es sich bei den beiden Unternehmen um ein einziges Unternehmen handeln. Wo früher aufwendige Bestellprozesse notwendig waren, lange Lieferzeiten die Regel waren und darüber hinaus oft Abstimmungsprobleme zwischen den verschiedenen Unternehmen auftraten, erfolgt heute dank dem Internet eine problemlose Koordination verschiedener Produktionsprozesse. Das kann einen Unternehmer natürlich auf eine interessante Idee bringen: Wenn er viele Leistungen, die er benötigt, auch ohne größere Umstände von anderen Unternehmen beziehen kann, warum soll er diese dann selbst fertigen? Zeit, einen neuen Anglizismus in den Ring zu werfen, der in den letzten Jahren seinen Siegeszug durch diverse Fachzeitschriften angetreten hat: Outsourcing.

Outsourcing: Der Sieg der Arbeitsteilung?

Outsourcing könnte man in etwa mit 'auslagern' oder 'von außen beziehen' übersetzen und umschreibt den Tatbestand einer Auslagerung einzelner Fertigungsprozesse aus dem Unternehmen. Ein Unternehmen steht oft vor der Frage, ob es ein für die Produktion benötigtes Bauteil (oder eine Dienstleistung) selbst herstellen oder von außen beziehen soll. Zwei Beispiele: Bei der Anfertigung von Autos, muß man entscheiden, ob die dazugehörigen Reifen selbst hergestellt oder von einem Reifenhersteller bezogen werden sollen. Oder man muß sich überlegen, ob für die Reinigung des Firmensitzes eigenes Personal eingestellt werden oder eine Reinigungsfirma diese Aufgabe übernehmen soll. Diese beiden Beispiele dürften Ihnen klar gemacht haben, daß die Entscheidung zwischen Eigenfertigung und Fremdbezug von einer ganzen Reihe verschiedener Faktoren abhängt. Ohne auf diese jetzt im einzelnen eingehen zu wollen, haben die obigen Ausführungen bereits klar gemacht, daß das Internet zumindest die Möglichkeiten verbessert, bestimmte Fertigungsprozesse oder Dienstleistungen aus dem Unternehmen auszulagern.

Über das Internet koordinieren Unternehmen ihre Fertigung und Lagerhaltung mit den Lieferanten und können sich in Ausnahmefällen schnell und problemlos mit diesem kurzschließen. Die standardisierte Welt des Internet ermöglicht es Unternehmen auch ohne größeren Aufwand, bei Bedarf Ihren Lieferanten zu wechseln, wenn sie mit dem alten nicht mehr zufrieden sind. Warum? Wenn man früher eine Kooperation mit einem Lieferanten einging, so mußten mit diesem Vereinbarungen über die Technik getroffen werden, mittels derer man kommunizieren wollte. In den Zeiten des Internet ist das nicht mehr nötig. Jedes Unternehmen ist vernetzt und verfügt über Technologie, die kompatibel mit den Anwendungen im Internet sind. Dadurch, daß jedes Unternehmen einen Internet-Zugang hat, kann man sich problemlos mit jedem beliebigen Unternehmen vernetzen, was das Ausgliedern einzelner Geschäftsbereiche aus Ihrem Unternehmen erleichtert.

In unserem Beispiel könnte dies dann so aussehen, daß die Fertigung des Automobilherstellers via Extranet mit der des Reifenherstellers synchronisiert ist, wodurch gesichert ist, daß bei der Fertigung Ihrer Automobile immer genügend Reifen zur Verfügung stehen werden. Das erleichtert die Entscheidung darüber, ob die Reifen in Eigenregie hergestellt oder von außen bezogen werden sollen. Darüber hinaus kann der Automobilhersteller versichert sein, daß er bei Bedarf den Reifenhersteller schnell und problemlos wechseln kann, für den Fall daß dieser zu teuer wird oder seine Ware keine befriedigende Qualität aufweist. Damit entfallen zwei wesentliche Motive dafür, die Reifen selbst herzustellen: Das Extranet erhöht die Liefersicherheit und garantiert eine hinreichende Qualität der fremdbezogenen Produkte. Die Grenzen einer Auslagerung der Fertigung über das Internet werden allerdings deutlich, wenn wir das zweite Beispiel von oben noch einmal aufgreifen: Einer Reinigung der Kantine über das Internet stehen - vorsichtig gesagt - einige Hindernisse entgegen. Diese Überlegung macht bereits eines deutlich: Wenn wir über eine Auslagerung von Tätigkeiten aus den Unternehmen mit Hilfe des Internet reden, so werden bestimmte Tätigkeitskategorien von vorne herein ausgeschlossen sein. Alle Tätigkeiten, die eine persönliche Präsenz vor Ort erfordern, werden nicht ins Internet ausgelagert werden können. Dabei sollten Sie vor allem an personengebundene Dienstleistungen wie beispielsweise Haarschneiden oder Reinigungstätigkeiten denken. Hier zeigt sich eine erste Erkenntnis: Die Vision vom digitalen Tagelöhnertum wird für weite Bereiche unserer Wirtschaft nicht Realität werden. Wen es wirklich treffen könnte, wollen wir später erörtern.

Den Endpunkt einer zunehmenden Auslagerung von Unternehmensbereichen über das Internet stellen sogenannte virtuelle Unternehmen dar. Dabei handelt es sich nicht mehr um Unternehmen im eigentlichen Sinne des Wortes, sondern um Netzwerke von Betrieben, die sich - mit Hilfe der Technologie des Internet - zusammenschließen. Ein Beispiel für eine virtuelle Organisation bietet das amerikanische Unternehmen Galoop Toys (vergleichen Sie bitte mit Abbildung 8).

Der Kern von Galoop Toys besteht aus lediglich 115 Mitarbeitern, die das gesamte Unternehmen koordinieren. Galoop hat Verträge geschlossen mit Firmen, welche das Spielzeug entwickeln, mit Werkstätten, welche die entworfenen Spielzeuge herstellen, mit Handelsketten, welche das Spielzeug vertreiben und sogar mit einer Inkassofirma, welche das Einsammeln der Umsatzerlöse für Galoop übernimmt. Die Stammbelegschaft von Galoop hat lediglich die Aufgabe, die Aktivitäten der von Galoop beauftragten Firmen untereinander zu koordinieren. Die Konstruktion und Fertigung sowie der Vertrieb und die Abrechnung werden von anderen Firmen übernommen. Sie sehen, daß Galoop Toys kein Unternehmen im herkömmlichen Sinn mehr ist, sondern eigentlich nur noch eine Schaltzentrale, in der die Aktivitäten verschiedener einzelner, unabhängiger Unternehmen miteinander koordiniert werden. Im Grunde genommen handelt es sich hier um Outsourcing in seiner extremsten Form.

Zusammenfassend läßt sich festhalten: Im Inneren der Unternehmen könnte es zu einer Reduktion der Arbeitsteilung kommen, indem im Zuge der Prozeßorientierung Aufgabenbereiche zusammengefaßt und verdichtet werden, während es durch Outsourcing zu einer Auslagerung von Fertigungsbereichen, mithin also zu einer Zunahme der Arbeitsteilung kommen könnte. Schön und gut, aber warum sollte uns das beschäftigen? Bisher haben wir nur von einer Umorganisation beziehungsweise einer Verlagerung der Arbeit auf andere Unternehmen gesprochen. Warum sollten diese Entwicklungen Probleme für die Arbeitsmarktpolitik aufwerfen? Die Tatsache, daß hier Probleme entstehen können, verdanken wir dem Arbeitsrecht und dem Sozialversicherungsrecht. Warum?

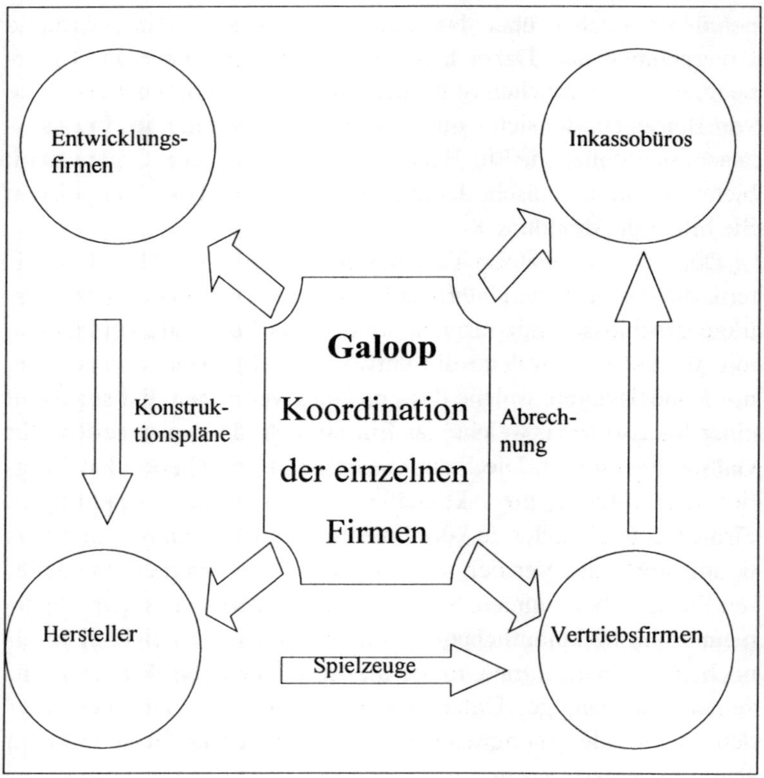

Abb. 8: Organisation eines virtuellen Unternehmens am Beispiel der Firma Galoop Toys

Der Untergang des Arbeitsrechts?

Das deutsche Arbeits- und Sozialrecht lebt vor allem von der Vorstellung eines sogenannten Normalarbeitsverhältnisses. Dahinter steht die Vorstellung, daß die Mehrheit der Arbeitnehmer in einem abhängigen Arbeitsverhältnis mit einer festen Stundenzahl lebt. An dieses Normalarbeitsverhältnis anknüpfend hat der Gesetzgeber im Laufe der Jahre eine Menge Gesetze und Regelungen erlassen: So wurden Gesetze zum Schutz der abhängig Beschäftigten erlassen, die explizit darauf abstellen, Arbeitnehmer vor der Ausbeutung durch den Arbeitgeber zu schützen. Die Palette der Gesetze zum Schutz der Arbeitnehmer ist dabei recht umfangreich. So gibt es Gesetze zum Schutz vor gesundheitlichen Gefahren (Gesetzliche Unfallversicherung, Arbeitssicherheitsgesetz, Gefahrstoffverordnung), zum Schutz gegen Ausbeutung und Übervorteilung (z.B. Mitbestimmung, Heimarbeitsgesetz), zur Sicherung des Arbeitsplatzes (z.B. Kündigungsschutzgesetz, Arbeitsplatzschutzgesetz), zur Sicherung der Familie (Mutterschutz) und zum Schutz besonders gefährdeter Gruppen (Schwerbehindertengesetz, Mutterschutzgesetz). Eine weitere wesentliche Regelung zum Schutz der Arbeitnehmer ist die sogenannte Tarifautonomie: Die Verbände der Arbeitgeber und der Arbeitnehmer handeln kollektive Mindestbedingungen für Löhne und Arbeitsbedingungen aus, welche dann für alle abhängig beschäftigten Arbeitnehmer gelten. Eine Abweichung von den vereinbarten Arbeitsentgelten erfolgt dann nur noch nach oben, also zum Vorteil des Arbeitnehmers.

All diese Regelungen haben eine Gemeinsamkeit: Sie knüpfen den Schutz, den sie den einzelnen Arbeitnehmern gewähren, an den Tatbestand der abhängigen Beschäftigung. Was hat das mit dem Internet zu tun? Dieser Zusammenhang wird deutlich, wenn man sich die oben diskutierten Möglichkeiten des Outsourcing und der Gründung virtueller Unternehmen noch einmal vor Augen hält: Im Extremfall ermöglicht das Internet ein komplette Auslagerung der Fertigung (denken Sie an das Beispiel der Firma Galoop Toys). Das würde bedeuten, daß eine Firma keine fest angestellten

Arbeitnehmer mehr beschäftigt, sondern nur noch freie und selbständige Mitarbeiter, deren Leistungen sie über das Internet bezieht. Warum soll man sich einen Buchhalter einstellen, der durch vielfältige gesetzliche Regularien geschützt - und damit auch entsprechend teuer für den Arbeitgeber - ist, wenn man die Buchhaltung auch von einem selbständigen Buchhalter, der seine Leistung über das Internet erbringt, erledigen lassen kann? Dieser Gedanke ist nicht so abwegig, wie es Ihnen auf den ersten Blick erscheinen mag: Bereits heute ist es in vielen Betrieben - auch in den sogenannten mittelständischen Betrieben - durchaus üblich, die Buchhaltung in Indien erledigen zu lassen: Die Buchhaltungsdaten werden Abends via Internet nach Indien geschickt, wo sie von einem Buchhalter vor Ort erledigt wird. Am nächsten Morgen kommt die erledigte Buchhaltung via Internet zurück.

Die Vorteile für den Arbeitgeber liegen auf der Hand: Er muß keine kostspieligen Sozialleistungen erbringen (Mutterschutz kostet ebenso Geld wie eine Unfallversicherung oder Kündigungsschutz), er kann bei Bedarf schnell und problemlos den Buchhalter wechseln (versuchen Sie heutzutage einmal, in Deutschland einen Arbeitnehmer zu entlassen, dann wird die Vokabel 'schwierig' sicherlich eine ganz neue Bedeutung für Sie gewinnen) und vor allem: Der indische Buchhalter ist wesentlich billiger als sein deutscher Kollege. Des einen Freud ist natürlich des anderen Leid, in diesem Fall das Leid des deutschen Buchhalters. Was bringt der beste Arbeitsschutz, wenn man keine Arbeit hat?

Die mit der zunehmenden Nutzung des Internet verbundenen und von uns beschriebenen Entwicklungen nehmen den Arbeitnehmer also von zwei Seiten in die Zange: Die zunehmenden Möglichkeiten zum Outsourcing und der damit verbundene Trend einer Zunahme der Selbständigkeit (sei sie erzwungen oder freiwillig, darauf gehen wir noch näher ein) könnte dazu führen, daß die gesamte Politik zum Schutz der Arbeitnehmer wirkungslos wird, da sie an das Kriterium der abhängigen Beschäftigung anknüpft und somit keinen Schutz für Selbständige bieten kann. Die andere Richtung, aus der einheimische Beschäftigte bedroht werden, ist die Möglichkeit, Teile der Fertigung nicht nur auf Selbständige im Inland auszulagern, sondern darüber hinaus - vor allem in Hinblick auf den Arbeitslohn - diese Aufgaben ausländischen Beschäftigten zu übertragen. Diesen Gedanken untersuchen wir näher, wenn wir uns mit den Beschäftigungswirkungen des Internet auseinandersetzen.

Auch von einer anderen Seite her droht Ungemach. Die Sozialversicherungen (die gesetzliche Kranken-, Pflege- und Rentenversicherung sowie die Arbeitslosenversicherung) stellen ebenfalls auf das Kriterium der abhängigen Beschäftigung ab: Beiträge zahlen und versichert ist nur derjenige, der in einer geregelten abhängigen Beschäftigung steht (als Bagatellgrenze gelten die sogenannten 630-Mark-Jobs). Sollten aber in Zukunft immer mehr abhängig Beschäftigte durch Selbständige ersetzt werden, so gehen den Sozialversicherungen die Beitragszahler aus. Keine schöne Vorstellung für den Bundesarbeitsminister.

Wie ernst muß man dieses Szenario nehmen? Werden wir in Zukunft alle Tagelöhner? "Unser Brot verdienen wir künftig durch Verkauf der Arbeitsleistung gegen Höchstgebot, im Extremfall tagtäglich an einen anderen Arbeitgeber"[1] Das klingt nach Marxismus im digitalem Gewand und verdient näherer Betrachtung.

Digitale Lohnsklaverei?

Das von den modernen Propheten der digitalen Revolution erwartete Szenario sieht also in etwa folgendermaßen aus: Mit einer Zunahme der Möglichkeiten zum Outsourcing – begünstigt vor allem durch das Internet - werden Unternehmen immer mehr dazu übergehen, statt festangestellten Arbeitnehmern Selbständige zu beschäftigen, für die sie keine Sozialabgaben zahlen und keinen teueren Arbeitsschutz bereitstellen müssen. Den Arbeitnehmern bleibt hingegen nicht viel mehr übrig, als in Scheinselbständigkeit eine unterbezahlte Tätigkeit ohne jegliche soziale Absicherung anzunehmen. Wie bereits gesagt, das Szenario müßte Ihnen bekannt vorkommen. Vor etwa 150 Jahren wurde bereits einmal eine solche Prognose abgegeben, die sich nicht nur unserer Meinung nach nicht bestätigt hat. Doch sollte das kommunistische Manifest in seiner digitalen Neuformulierung diesmal recht behalten? Um diese Frage zu beantworten, werden wir uns im folgenden zuerst überlegen, welche Beschäftigungsfelder ausgelagert werden *können* und tatsächlich auch ausgelagert *werden*. Beides muß nicht unbedingt identisch sein.

Warum sollte ein Unternehmen überhaupt Festangestellte beschäftigen, wenn diese doch soviel teurer sind als selbständige Zulieferer? Dafür kann es nur einen Grund geben: Offensichtlich haben Festangestellte gewisse Vorteile gegenüber Freischaffenden, die sich nicht unbedingt immer direkt auf dem Lohnzettel der Betroffenen niederschlagen und dazu führen, daß Arbeitgeber nicht auf einen Stamm von festangestellten Mitarbeitern verzichten möchten. Dafür gibt es drei Gründe: die Existenz von Transaktionskosten und firmenspezifischem Know-how sowie die Gefahr mangelnder Loyalität von Vertragspartnern. Das verlangt nähere Erläuterungen.

Transaktionskosten sind Kosten, die bei der Anbahnung und beim Abschluß von Verträgen entstehen können. Bevor man einen Vertrag schließt, muß man sich auf die Suche nach einem Vertragspartner machen, mit diesem die Konditionen aushandeln, den Vertrag abschließen und die Durchführung des Vertrages überwachen. Das kann alles recht zeit- und kostenintensiv werden. Überlegen Sie einmal, wie aufwendig es wäre, wenn man jeden Tag einen neuen Buchhalter einstellen müßte: Ein geeigneter Kandidat muß zuerst gesucht werden, man muß mit ihm verhandeln und abschließend seine Arbeit überwachen. Da erscheint ein festangestellter Buchhalter doch attraktiver. Was den festangestellten Buchhalter noch attraktiver macht als seinen freischaffenden Kollegen ist die Tatsache, daß er nur einmal eingearbeitet werden muß. Danach kennt er sich mit dem Betrieb aus und verfügt damit über firmenspezifisches Know-how.

Damit sind wir beim zweiten Grund für die Existenz von dauerhaften Arbeitsverhältnissen: Je länger ein Arbeitnehmer in einem Betrieb verweilt, um so besser kennt er sich in diesem aus und verfügt über firmenspezifische Kenntnisse, welche seine Arbeit effizienter und ihn für das Unternehmen um so wertvoller machen. Die Beispiele von Betrieben, welche nach dem Weggang einiger wichtiger Mitarbeiter ins Schlingern geraten sind, sind Legion. Aus diesem Grunde ist es für einen Unternehmer durchaus rational, Mitarbeiter fest an sich zu binden, um auf diesem Weg den Verlust von firmenspezifischem Humankapital zu verhindern.

Ein letzter und nicht zu unterschätzender Grund für einen Arbeitgeber, Mitarbeiter fest an sich zu binden, besteht in der Gefahr illoyalen Verhaltens von Arbeitnehmern. Da eine vollkommene Überwachung der Arbeitsleistung eines jeden Arbeitnehmers nicht möglich ist, ist man darauf angewiesen, Mitarbeitern Anreize zu setzen, das Unternehmen nicht zu beschummeln. Diesem Zweck dienen auch langfristige Arbeitsverträge, da sie die Interessenkongruenz zwischen Arbeitgeber und Arbeitnehmer erhöhen. Ein Arbeitnehmer, der sich langfristig in ein Unternehmen eingebunden fühlt, neigt sicherlich weniger dazu, dieses zu hintergehen, als ein digitaler Tagelöhner, der sich bereits am nächsten Tag wieder an einem ganz anderem Arbeitsplatz wiederfindet. Die Motivation des Festangestellten erhöht sich sicherlich noch angesichts der ihm im Falle einer Entlassung eventuell drohenden Arbeitslosigkeit.

Wie Sie sehen, sind langfristige Arbeitsverträge auch durchaus im Interesse der Arbeitgeber. Nun werden Sie sicherlich sagen, daß wir oben jedoch bereits Beispiele dafür gegeben haben, daß Arbeitgeber auf langfristige Arbeitsverträge zugunsten des Buchhalters in Indien verzichtet haben. Deshalb müssen wir jetzt natürlich erläutern, warum dies kein Widerspruch zu dem oben bereits Gesagten darstellt.

Von Glücklichen und Dummen

Bisher haben wir gesehen, daß die zunehmende Nutzung des Internet den Arbeitgebern durchaus Möglichkeiten bietet, die Zahl ihrer festangestellten Mitarbeiter zugunsten freier Mitarbeiter zu reduzieren. Andererseits haben wir festgestellt, daß es durchaus auch auf Arbeitgeberseite Gründe dafür gibt, Mitarbeiter in langfristigen Verträgen zu beschäftigen. Also spitzt sich alles auf die Frage zu, welche Mitarbeiter die glücklichen Festangestellten sein werden und wer die Digitalisierung des Wirtschaftslebens in den kommenden Jahrzehnten fürchten muß.

Obige Überlegungen haben klar gemacht, daß die Entscheidung eines Unternehmers für oder gegen die Beschäftigung festangestellter bzw. freiberuflicher Mitarbeiter von Nutzen und Kosten der beiden alternativen Beschäftigungsformen abhängen wird. Die Kosten eines festangestellten Mitarbeiters bestehen vor allem in den hohen Lohn- und Lohnnebenkosten, die ein dauerhaftes Beschäftigungsverhältnis mit sich bringt (auf eine Mark Lohnkosten kommen für einen Unternehmer in Deutschland im Schnitt ungefähr achtzig Pfennige Lohnnebenkosten). Weitere indirekte Kosten entstehen dem Arbeitgeber dadurch, daß er einen festangestellten Mitarbeiter in Zeiten einer temporären Nachfrageflaute nicht ohne weiteres entlassen kann. Die Nachteile einer Beschäftigung fester Mitarbeiter treten bei freien Mitarbeitern nicht auf: Freie Mitarbeiter arbeiten auf eigene Rechnung, der Arbeitgeber muß keine Lohnnebenkosten (Sozialabgaben) abführen und stellt bei Nachfragemangel einfach die Auftragsvergabe ein, wodurch er nicht gezwungen wird, (im Extremfall) Mitarbeiter quasi fürs Rumsitzen zu bezahlen.

Den Vorteilen einer Beschäftigung freier Mitarbeiter stehen einige Nachteile gegenüber, die bei einer Verpflichtung Festangestellter Mitarbeiter vermieden werden. Zum einen reduziert, wie wir gesehen haben, die Beschäftigung festangestellter Mitarbeiter die Transaktionskosten bei der Beschaffung: Der erhebliche Aufwand bei der Suche und Auswahl geeigneter Mitarbeiter legt nahe, diesen Aufwand nur einmal zu betreiben. Auch die aufwendige

Einarbeitung des neuen Mitarbeiters und die Gefahr illoyalen Verhaltens legen eine Festanstellung nahe. Nachdem wir wissen, wie sich die Vor- und Nachteile von festen bzw. freien Mitarbeitern darstellen, fällt es sicherlich leichter, darüber nachzudenken, welche Arbeitsplätze eher das Schicksal einer Auslagerung ereilen dürfte. Eigentlich ist der Grundgedanke recht simpel: Je weniger ein Arbeitsplatz im Falle einer Auslagerung die damit verbundenen Nachteile (Transaktionskosten, Einarbeitungskosten und Gefahr illoyalen Verhaltens) erwarten läßt, um so wahrscheinlicher wird man ihn auslagern können und auf die dann billigere Hilfe freischaffender Arbeitnehmer vertrauen. Jetzt fragen Sie sich natürlich sofort: Welche Arbeitsplätze werden dies sein? Damit sind wir nun beim Kern der Frage nach den Folgen der Nutzung des Internet für den Arbeitsmarkt.

Vielleicht haben Sie die Antwort schon geahnt: Von einer zunehmenden Auslagerung der Arbeitsplätze über das Internet werden vor allem standardisierte, einfache Routine-Jobs betroffen sein. Das läßt sich nach dem bisher Gesagten leicht erklären: Je standardisierter und einfacher eine Tätigkeit ist, um so leichter ist es, passende Arbeitnehmer für die Erledigung solcher Aufgaben zu finden. Nehmen sie beispielsweise den Buchhalter: Von Soll nach Haben wird überall auf der Welt gebucht, und in der Regel sind die Kontenrahmen (grob gesagt die Organisationsprinzipien für eine Buchhaltung) soweit standardisiert, daß ein Buchhalter nur wenig Einarbeitungskosten verursacht. Insofern können Sie als Arbeitgeber davon ausgehen, daß jemand, der über ein Zeugnis verfügt, das ihm die Fähigkeiten eines Buchhalters bescheinigt, auch Ihre Buchhaltung bewältigen kann. Und auch der Versuchung illoyalen Verhaltens im Sinne einer schlampigen Erledigung der ihm übertragenen Aufgaben ist ein Buchhalter kaum ausgesetzt, da die Kontrolle seiner geleisteten Arbeit recht einfach ist: Entweder die Bilanz stimmt oder sie stimmt nicht. (Natürlich ist ein Buchhalter immer auch anderen Versuchungen ausgesetzt, aber auch hier halten sich die Möglichkeiten in Grenzen.)

Jetzt stellen Sie sich im Gegensatz dazu einmal vor, ein Unternehmen will die Stelle des Marketing-Direktors neu besetzen.

Dieser Posten ist für die Existenz des Unternehmens enorm wichtig, denn wenn es nichts verkauft, entstehen auch keine Gewinne. Darüber hinaus ist es schwierig, den passenden Mann (die passende Frau) für diese Stelle zu gewinnen, der zugleich Marketing-Kenntnisse besitzt und sich in der Branche auskennt (nicht jeder kennt sich beispielsweise in der Schwermetallbranche aus). Weiterhin kann man den Erfolg des Marketing-Direktors nur schwerlich kontrollieren, und bis sein Mißerfolg oder Schlendrian offensichtlich ist, kann es für das Unternehmen schon zu spät sein. Denken Sie mal nach: Würden Sie eine solche Position mit einem freischaffenden Marketing-Sachverständigen besetzen, von dem Sie nicht sicher wissen können, ob er morgen noch für Sie arbeitet oder beispielsweise ein Angebot von der Konkurrenz hat, wo er die in Ihrem Unternehmen gesammelten Kenntnisse und Erfahrungen nicht unbedingt zu Ihrem Vorteil verwenden kann? Oder würden Sie versuchen, einen solch wichtigen Mann (oder eine solch wichtige Frau) enger an Ihr Unternehmen zu binden? Genau. Wir auch.

Also: Aus den Unternehmen und in die Hände Selbständiger auslagern werden Unternehmen nur Tätigkeiten, die standardisierbar und leicht kontrollierbar sind und für das jeweilige Unternehmen nur geringe strategische Bedeutung haben. Für solche Tätigkeiten wird man problemlos mit wenig Aufwand immer freischaffende Mitarbeiter gewinnen können, denen diese Tätigkeiten ohne Gefahr für das Unternehmen überantwortet werden können. Bei Spezialaufgaben mit hoher strategischer Bedeutung und hohen Einarbeitungskosten wird man eher festangestellten Mitarbeitern vertrauen. Insofern könnten sich Arbeitnehmer in standardisierten Routine-Jobs als Verlierer der Internet-Revolution erweisen. Spezialisten mit Spezialkenntnissen und hoher Qualifikation könnten im Zuge der Digitalisierung der heimischen Wirtschaft ihre Position sogar noch verbessern: Das Internet bietet Ihnen viel größere Möglichkeiten, ihre Fähigkeiten am Arbeitsmarkt zu nutzen, da sie nun ihre Fähigkeiten über das Internet in der ganzen Welt anbieten können. Und in der Tat ist es beispielsweise in Silicon Valley bereits der Fall, daß die hochqualifizierten Mitarbeiter die

Unternehmen verlassen, während diese verzweifelt versuchen, ihren Personalbestand nicht an die Konkurrenz zu verlieren.

Gut, jetzt wissen wir also, welche Arbeitnehmer im Zuge einer Verbreitung des Internet verlieren und welche gewinnen werden, doch können wir auch etwas darüber aussagen, was das für die Gesamtbeschäftigung bedeutet? Nun, lassen Sie uns versuchen, zumindest anzudeuten, was wir für plausibel halten.

Geht uns die Arbeit aus?

Die Studien und Artikel über die Zukunft des Arbeitsmarktes – sowohl die seriösen als auch die weniger seriösen - sind mittlerweile Legion. Sinn dieser Betrachtungen kann es deswegen nicht sein, diesen Studien neue Technikfolgenabschätzungen folgen zu lassen: Dazu haben wir hier weder den Platz noch den Ehrgeiz, im großen Prognosewettbewerb mitzuhalten. Wir werden uns vielmehr lediglich darauf beschränken, einige grundsätzliche Argumente vorzustellen und anschließend aufzuzeigen, welchen Aufgaben sich die Arbeitsmarktpolitik in Zukunft mit an Sicherheit grenzender Wahrscheinlichkeit wird stellen müssen. Doch zunächst zur wichtigsten Frage: Wird das Internet Jobs bringen oder umbringen?

Um sich dieser Frage etwas strukturierter nähern zu können, muß man zwischen Prozeß- und Produktinnovationen unterscheiden. Prozeßinnovationen sind Neuerungen in der Fertigungstechnik, die es den Produzenten ermöglichen, seine Produkte effizienter und billiger herzustellen. Dazu wird die bisherige Produktionstechnik geändert. Eine Produktinnovation hingegen ist ein neues Produkt, für das erst eine neue Produktionslinie errichtet werden muß. Die Implikationen dieser beiden Arten von technischem Fortschritt sind recht unterschiedlich.

Wenn in der aktuellen Diskussion die Rede von technischem Fortschritt ist, so meint man damit in der Regel Prozeßinnovationen. Weiterhin ist in einer solchen Diskussion immer unbestritten Konsens, daß diese Spielart technischen Fortschritts Arbeitsplätze vernichtet. Zwar sind wir immer noch Welten von der vollautomatischen Fabrik, die ohne Personal auskommt, entfernt (ebenso wie vom papierlosen Büro!), doch läßt sich nicht leugnen, daß technischer Fortschritt in Form von Prozeßinnovationen Arbeitsplätze wegrationalisiert. Bevor wir uns der Frage zuwenden, ob dies schon gleichbedeutend mit der Entstehung digitaler Massenarbeitslosigkeit ist, sollten Sie sich kurz folgendes überlegen: Warum wollen wir überhaupt technischen Fortschritt, wenn er doch nur Arbeitsplätze vernichtet? Spätestens, wenn sie sich einmal überlegen, wie mühselig es gewesen wäre, dieses Buch von einer Heerschar Schreiber per Hand vervielfältigen zu lassen anstatt es einfach zu drucken, dürfte eigentlich deutlich werden, warum wir auf technischen Fortschritt nicht verzichten wollen. (Und stellen Sie sich einmal vor, was eine handabgeschriebene Ausgabe dieses Buches kosten würde, von der Leserlichkeit einmal ganz abgesehen!)

Oder denken Sie an die oben beschriebenen neuen Organisationsformen, die mit Hilfe des Internet möglich werden: Prozeßorientierung kann zwar dazu führen, daß Stellen im mittleren Management abgebaut werden, aber dafür werden Sie als Kunde komfortabler bedient, können Ihr Produkt nach Ihren individuellen Wünschen zusammenstellen und müssen wahrscheinlich für das gleiche oder sogar verbesserte Produkt weniger zahlen. (Es wäre ja auch etwas komisch gewesen, wenn technischer Fortschritt niemandem nützen würde, warum sollte man denn sonst nach Erfindungen Ausschau halten?)

So weit, so gut, diese Überlegungen können (und wollen) nicht darüber hinweg täuschen, daß technischer Fortschritt des öfteren mit einem Abbau von Arbeitsplätzen verbunden ist. Bedeutet das also, daß mit zunehmendem technischen Fortschritt uns die Arbeit ausgeht? Ein Blick in die Geschichte der letzten hundert bis zweihundert Jahre lehrt uns anderes: Trotz der enormen technischen Fortschritte, welche die Menschheit in diesem Zeitraum gemacht hat (denken Sie einmal an die Dampfmaschine, das Automobil, und – natürlich – die Computertechnik), können wir nirgendwo in der Welt Massenarbeitslosigkeit in den Ausmaßen, wie es die Propheten der digitalen Apokalypse verheißen, beobachten. Woran mag dies liegen?

Die Tatsache, daß technischer Fortschritt bisher nie zu säkulärer Massenarbeitslosigkeit geführt hat, läßt sich mit der zweiten erwähnten Spielart technischen Fortschritts erklären: den Produktinnovationen. Produktinnovationen, also das Aufkommen neuer Produkte, wirken sich stets beschäftigungsfördernd aus: Neue Maschinen müssen gebaut werden, und neue Berufe und Berufsbilder entstehen. So wurden die sogenannten Kopisten, also die Beschäftigten, welche in mühevoller Kleinarbeit Bücher per Hand kopierten, arbeitslos, dafür entstanden neue Beschäftigungsmöglichkeiten und neue Berufe: Das Buchdruckerhandwerk war geboren. Solange technischer Fortschritt sich also nicht ausschließlich in Form von arbeitssparenden Prozeßinnovationen, sondern auch in Form arbeitsschaffender Produktinnovationen äußert, werden den verlorenen Arbeitsplätzen auch immer neu geschaffene Beschäftigungsmöglichkeiten gegenüberstehen.

Da nun in der Regel jede Prozeßinnovation mit einer Produktinnovation verbunden ist, ist zu vermuten, daß technischer Fortschritt höchstens mit temporären Arbeitsplatzverlusten einhergehen wird. Nun können Sie natürlich sagen, daß den Menschen aber eventuell die Ideen für neue Produkte ausgehen könnten, und wir in Zukunft nur noch Prozeßinnovationen, aber keine Produktinnovationen haben werden. Nun, das Internet ist ein schöner Beweis dafür, daß diese These nicht unbedingt haltbar ist: Zwar werden durch das Internet – wie wir gesehen haben – Arbeitsplätze eingespart, aber gleichzeitig stellt das Internet ein Produktinnovation par excellence dar: Die Fülle der im Zuge der Digitalisierung der Wirtschaft neu entstandenen Berufe ist beeindruckend und reicht vom Hersteller von Computerchips und sonstiger Computerhardware über Programmierer und Berater, Netzwerkbetreuer oder Systemadministratoren. Ein Blick in den Stellenmarkt Ihrer Zeitung am Wochenende offenbart Ihnen, welche Möglichkeiten sich im Zeitalter des Internet bieten. Die Abbildung 9 vermittelt Ihnen einen Eindruck davon, in welchen Bereichen der Informationstechnik schon heute Umsätze gemacht werden, die nach Schätzungen des Fachverbandes Informationstechnik zum heutigen Zeitpunkt in etwa 3 Millionen Arbeitsplätze garantieren.[2]

Doch selbst wenn wir diese Zahlen einmal beiseite lassen: Stellen Sie sich bitte einmal vor, Sie hätten vor hundert Jahren jemandem erzählt, daß Ende des zwanzigsten Jahrhunderts nur noch knapp vier Prozent der Bevölkerung Europas ihr Geld mit Landwirtschaft verdienen würden, wie es heute der Fall ist. Der arme Mensch wäre entweder angesichts der drohenden Massenarbeitslosigkeit in Ohnmacht gefallen oder aber er hätte ähnlich wie wir argumentiert: dann werden sich eben andere, neue Beschäftigungsmöglichkeiten auftun. Hätten Sie ihn dann gefragt, welcher Art diese Beschäftigungsverhältnisse dann wohl sein mögen, so hätte er wahrscheinlich passen müssen: Woher soll er denn das mit den Computern so geahnt haben? In einer ähnlichen Lage befinden wir uns heute: Wie sollen wir denn die Vielfalt des menschlichen Erfindungsgeistes im voraus erahnen? Nur auf eines vertrauen wir: Daß es diesen Erfindungsgeist gibt und daß er immer neue Ideen produzieren wird, die auch Beschäftigung schaffen werden. Und solange die Menschen unter dem - wie es so schön heißt - kalten Stern der Knappheit leben, werden sie Anstrengungen unternehmen, diese zu überwinden. Und das nennt man im Volksmund auch Arbeit.

Auch wenn wir die Möglichkeit einer digitalen Massenarbeitslosigkeit für äußerst gering halten, so ist auch deutlich geworden, daß wir nicht leugnen können, daß durch technischen Fortschritt auch Arbeitsplätze überflüssig werden. Welche? Gängige Meinung in dieser Diskussion ist, daß es arbeitsintensive Tätigkeiten sein werden, für die keine aufwendige Ausbildung notwendig ist. Die Argumentation klingt einleuchtend: Automatisieren lassen sich vor allem einfache, standardisierbare Verrichtungen, während anspruchsvolle Tätigkeiten nicht ohne weiteres von Maschinen oder Rechnern ausgeführt werden können. Auch von einer anderen Seite her werden einfache Arten der Beschäftigung bedroht: Wie wir an dem Beispiel des Buchhalters in Indien gesehen haben, lassen sich viele einfache, standardisierbare Tätigkeiten mit Hilfe des Internet aus dem Unternehmen auslagern. Wenn dies möglich

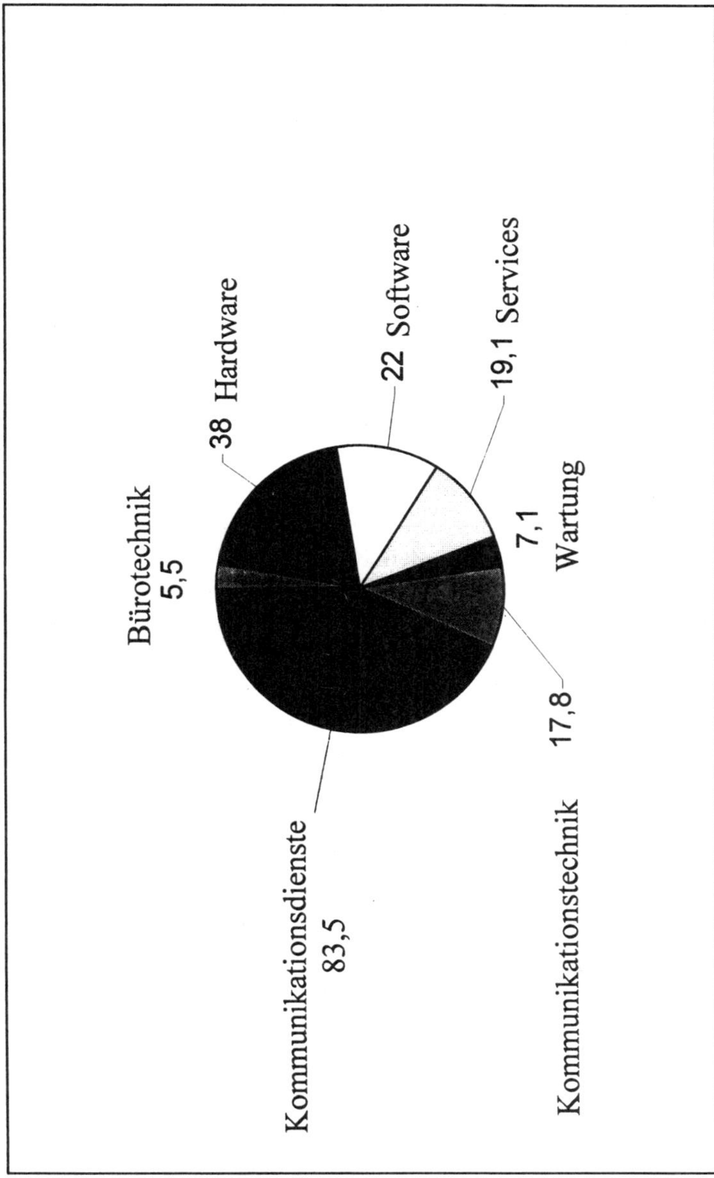

Abb. 9: Der Markt in der Informationstechnik 1998, in Milliarden DM

ist, warum sollte der deutsche Unternehmer dann vor den nationalen Landesgrenzen halt machen? Hier sehen Sie die unmittelbare Bedrohung für bestimmte Teile der Beschäftigung im Inland: Es ist nicht nur technisch möglich, sondern auch betriebswirtschaftlich sinnvoll, einfache, standardisierbare Tätigkeiten aus dem Betrieb via Internet auszulagern. Darüber hinaus ist zu vermuten, daß solche einfachen Tätigkeiten auch in Ländern angeboten werden, deren Lohnkosten erheblich unter denen des Inlandes liegen. Also ist eine Verlagerung der Arbeitsplätze ins Ausland durchaus attraktiv.

Aber auch diese Argumente muß man etwas relativieren: Zuerst einmal muß man festhalten, daß für die Entscheidung, Arbeitsplätze ins Ausland zu verlagern, nicht die Höhe des Lohnes allein, sondern zugleich auch die Produktivität des jeweiligen Arbeitnehmers entscheidend ist. Mit einfachen Worten: Entscheidend ist nicht nur, wieviel bzw. wie wenig Lohn Sie einem Arbeitnehmer zahlen, sondern auch, welche Leistung er dafür erbringt. Die höheren Löhne in Deutschland implizieren auch eine höhere Produktivität als in den Niedriglohnländern. Solange in Deutschland die Produktivität höher ist als beispielsweise in den Entwicklungsländern, können wir uns auch höhere Löhne leisten. Jetzt können Sie natürlich einwenden, daß auch in den Entwicklungsländern die Produktivität steigen könnte. Und dann? Ganz einfach: Dann werden dort auch die Löhne steigen. Paradebeispiele für eine solche Entwicklung sind Hong Kong und Japan, die sich von ehemaligen Billigproduzenten zu modernen Industriestaaten gemausert haben.

Insgesamt wird sich die Welt durch den technischen Fortschritt, den das Internet darstellt, durchaus verändern, doch nicht so, wie es sich die Verkünder der digitalen Apokalypse ausmalen. Das Internet wird zahlreiche neue Beschäftigungsmöglichkeiten schaffen und neue Märkte erschließen, und die damit verbundenen positiven Arbeitsmarkteffekte werden unserer Meinung nach die negativen Beschäftigungseffekte dieser neuen Technologie ausreichend kompensieren. Warum dann also die ganze Aufregung? Warum fürchten so viele Menschen den technischen Fortschritt, während wir Ihnen doch dessen Segnungen schmackhaft machen wollen? Das läßt sich mit Hilfe einer neuen Fachvokabel erklären: Strukturwandel.

Strukturwandel oder: vom Schlechten des Guten

Gestehen Sie es sich doch selbst ein: Natürlich möchten Sie auf die Segnungen des technischen Fortschritts nicht verzichten: Billigere, qualitativ bessere Produkte oder Neuerungen, die Ihnen das Leben leichter machen. Auf der anderen Seite aber würden Sie sicherlich nicht technischen Fortschritt befürworten, der Ihren Arbeitsplatz überflüssig macht, oder? Diese Form technischen Fortschritts wäre zwar für Ihre Mitmenschen weiterhin sehr vorteilhaft, aber auf Ihre Kosten. Nun stellt dies kein zu großes Problem für Sie dar, wenn Sie innerhalb kurzer Zeit einen neuen, Ihren Fähigkeiten angemessenen Arbeitsplatz finden. Aber genau das könnte sich als Problem herausstellen. Warum?

Zwar werden mit technischem Fortschritt neue Arbeitsplätze geschaffen, aber diese neuen Arbeitsplätze werden nicht unbedingt für diejenigen geeignet sein, deren Arbeitsplätze durch ihn vernichtet worden sind. Und dieses Phänomen nennt man Strukturwandel: Im Zuge der wirtschaftlichen Entwicklung eines Landes entstehen neue Arbeitsplätze, während alte verloren gehen. Sobald aber nun - aus welchen Gründen auch immer - diejenigen, deren Arbeitsplätze verloren gehen, nicht die neugeschaffenen Arbeitsplätze einnehmen können, entsteht strukturelle Arbeitslosigkeit. Die angebotenen Arbeitsplätze entsprechen nicht dem Profil der Arbeitssuchenden. Die Gründe dafür können vielfältig sein: Die Ausbildungen und Qualifikationen der Arbeitslosen entsprechen nicht dem Anforderungsprofil der neuen Arbeitsplätze, die Arbeitnehmer sind nicht zu Umschulungen oder Ortswechseln bereit oder aber die Lohnforderungen der Arbeitssuchenden sind schlichtweg zu hoch.

Was auch immer die Ursachen sein mögen, das Ergebnis ist klar: Technischer Fortschritt kann dazu führen, daß die durch ihn geschaffenen Arbeitsplätze nicht von denen belegt werden können, deren Arbeitsplätze durch diesen Fortschritt vernichtet werden. Falls die Beschäftigten beruflich und örtlich gesehen nicht mobil genug sind, so kann strukturelle Arbeitslosigkeit entstehen. Den Gewinnern des technischen Fortschritts - den Konsumenten, die von neuen und billigeren Produkten profitieren sowie den Beschäftigten in den neuen Berufen - stehen all jene Beschäftigten gegenüber, deren Arbeitsplatz durch ihn verloren gehen. Oder um es plastischer zu sagen: Dem Internet-Experten, dessen Gehalt im Zuge der Expansion des Internet immer weiter steigt, steht der vielzitierte Buchhalter gegenüber, dessen Job sich in Indien wiederfindet und der nicht in der Lage ist, einen neuen Beruf zu erlernen. Wie Sie sehen, entstehen die Probleme auf dem Arbeitsmarkt nicht dadurch, daß technischer Fortschritt zuviel Arbeitsplätze vernichtet, sondern darin, daß nicht alle Arbeitnehmer eines Landes von den mit technischem Fortschritt verbundenen Beschäftigungschancen profitieren können. Und hier sehen wir in der Tat Handlungsbedarf für den Staat.

Was kann der Staat tun?

Lassen Sie uns in einem letzten Schritt kurz zusammenfassen, welche Aufgabe der Arbeitsmarktpolitik im Zeitalter des Internet zufallen wird.

Das eigentliche Problem hinsichtlich der Höhe der Beschäftigung wird - wie gesehen - weniger in technologischer Arbeitslosigkeit bestehen, weswegen es auch keinen Sinn machen würde, sich gegen technischen Fortschritt zu stemmen oder ihn verhindern zu wollen. Die Probleme entstehen eher durch Rigiditäten auf dem Arbeitsmarkt, und hier muß staatliche Politik ansetzen: Sie muß die durch technischen Fortschritt betroffenen Arbeitnehmer bei Ihrer Suche nach neuer Arbeit dergestalt unterstützen, daß sie ihnen Umschulungsmaßnahmen ermöglicht oder Mobilitätshilfen zahlt. Weiterhin muß der Staat den Boden dafür bereiten, daß sich die Ergebnisse technischen Fortschritts leichter in neue Arbeitsplätze umsetzen lassen.

Wie genau eine solide Politik, die den von uns beschriebenen Strukturwandel bewältigen kann, aussehen sollte, ist nicht unumstritten, und kann hier sicherlich nicht umfassend diskutiert werden. Die Palette der hier diskutierten Maßnahmen ist recht umfangreich: Neben Maßnahmen zur Verbilligung des Produktionsfaktors Arbeit (Lohnzuschüsse oder Lohnkürzungen) werden Maßnahmen zur künstlichen Reduktion des Arbeitsangebots (Arbeitszeitverkürzung, Vorruhestand) ebenso diskutiert wie Veränderungen der Rahmenordnung des Arbeitsmarktes. Wichtig ist es aber, daß der Staat nicht der Versuchung erliegt, unrentable Arbeitsplätze mit Hilfe von Steuergeldern zu erhalten, dieses Unterfangen ist in der Regel nicht nur teuer, sondern auch von vorne herein zum Scheitern verurteilt.

Weiterhin werden sich mit Sicherheit die Anforderungen an das Ausbildungssystem ändern: Je bessere Qualifikationen man im Rahmen des Bildungssystems vermittelt, um so geringer wird das Risiko der Arbeitslosigkeit für den einzelnen sein. Auch werden sich die Arbeitnehmer darauf einstellen müssen, daß während ihres Arbeitslebens immer wieder neue Lernprozesse und -phasen notwendig sein werden. Jetzt werden Sie vielleicht sagen: „Das sind aber alles keine neuen Ideen und Herausforderungen an die Politik“. Im Prinzip teilen wir Ihre Meinung: Das Internet ist nur eine der vielen möglichen Ausprägungen von technischem Fortschritt und wirft aus diesem Grunde für die Arbeitsmarktpolitik keine wesentlichen neuen Probleme auf als andere, bereits länger wirkende Formen technischen Fortschritts.

Also viel Lärm um nichts? Ganz so sehen wir das nicht: Zum einen ging es uns in diesem Kapitel darum, die vielen Vorurteile, welche in Bezug auf die negativen Folgen des Internet existieren, etwas zu relativieren (was uns hoffentlich geglückt ist), und zum anderen gibt es durchaus einen Bereich, in dem auf die Politik neue Herausforderungen zukommen, nämlich im Bereich der Sozialversicherungen und des Arbeitsrechts. Wie wir gesehen haben, kann eine zunehmende Nutzung des Internet zu einer Zunahme der Auslagerung ehemals fester Beschäftigungsformen führen (auch wenn diese Befürchtung - wie wir gesehen haben - etwas relativiert werden muß). Diese Entwicklung würde dann eine Reform der Sozialversicherungen und des Arbeitsschutzrechts erforderlich machen. Das dürfte durchaus neue Ideen von der Politik erfordern. Damit wollen wir die Diskussion der Arbeitsmarkteffekte des Internet abschließen und uns einem nächsten Bereich zuwenden, in dem ebenfalls neue Ideen auftauchen werden, die wir uns näher anschauen wollen. Also auf zur Diskussion um die Folgen des Internet für den Staatssäckel.

Anmerkungen

1 Diese Vision hat zumindest Creutzburg, D., Zum Tageslohn im Datennetz, in: Die Zeit Nr. 12 vom 14.03.1997, S. 46.

2 Geschätzte Werte; Quelle: Frankfurter Allgemeine Zeitung Nr. 135 vom 15.06.1998, S. 21

5. Das Internet und die Steuern

Um was geht es?

Es geht natürlich - wie meistens - ums liebe Geld. Aber was das Thema für den Staat etwas brisanter macht - es geht um sein Geld, genauer gesagt um seine Steuergelder. So gibt es bereits erste Befürchtungen, daß im Zeitalter des Internet es nicht nur zu Steuerhinterziehung in größerem Ausmaß kommen könnte, sondern vielmehr sogar der Besteuerung teilweise die Grundlage entzogen wird. Darüber hinaus kreisen bereits erste Ideen in den Köpfen verantwortlicher Politiker, das Internet selbst zu besteuern. Überrascht Sie das? Uns nicht. Wo immer es Geld zu verdienen gibt, ist die einnehmende Hand des Staates nicht weit. Grund genug für uns, die steuerlichen Aspekte des Internet etwas näher zu beleuchten. Dazu werden wir uns zuerst einmal ansehen, wo für den Staat Probleme im Zusammenhang mit der Besteuerung von Internet-Transaktionen entstehen können, um uns anschließend der Frage zu widmen, ob man das Internet besteuern muß. Fangen wir mit den direkten Steuern an.

Direkte Steuern: Where do you want to work today?

Direkte Steuern knüpfen in der Regel an den Tatbestand der Einkommenserzielung an, wie es in der vornehmen Fachsprache heißt. Mit einfachen Worten: Wo Sie etwas verdienen, da verdient der Staat mit. Das muß er auch, denn irgendwie muß das gesamte Staatswesen ja auch finanziert werden. Besteuert werden sowohl Einkünfte von Privatpersonen als auch Gewinne von Firmen. In der Regel wird dabei so vorgegangen, daß ein bestimmter Prozentsatz des erzielten Einkommens an den nationalen Fiskus abgeführt wird. Aber das wird Ihnen ja sicherlich aus eigener leidvoller Erfahrung bekannt sein. Solange man sein Einkommen ausschließlich im Inland erzielt, ist das eine recht einfache Sache. Sobald ein Steuerbürger seine Brötchen (oder zumindest die Butter dazu) im Ausland verdient, wird das etwas komplizierter, da nun zwei Staaten Interesse an Ihrem Einkommen anmelden: Das Heimatland und der Staat, in dem man als Ausländer sein Einkommen (oder Teile davon) erzielt.

Nun ist der Fiskus in der Regel nicht so gierig, daß er seinen Bürgern zumuten will, ihr Einkommen zweimal zu versteuern. Also sind Vereinbarungen mit dem Ausland darüber notwendig, wie man Einkommen von Inländern, die von diesen im Ausland erzielt worden sind, versteuert. Das sind die sogenannten Doppelbesteuerungsabkommen. Hier gibt es nun mehrere Möglichkeiten, wie man die Doppelbesteuerung internationaler Faktoreinkommen sicherstellen will.

Nach dem Quellenlandprinzip werden die ausländischen Einkünfte eines Inländers oder einer inländischen Firma im Inland von der Besteuerung ausgenommen (Vergleichen Sie bitte Abbildung 10). Die Besteuerung des Einkommens erfolgt also in dem Land, in dem das Einkommen erzielt worden ist. Also ein klare Trennung der Besteuerung: Im Ausland erzielte Gewinne werden auch dort versteuert und bleiben bei der Ermittlung der inländischen Gewinnsteuern unberücksichtigt. Dieses Verfahren knüpft allerdings an eine wesentliche Voraussetzung an: man muß genau identifizieren können, welche Teile des Einkommens tatsächlich im Ausland angefallen sind. Das war bisher schon nicht immer einfach, aber mit dem Aufkommen des Internet dürfte sich dies noch schwerer gestalten. Warum?

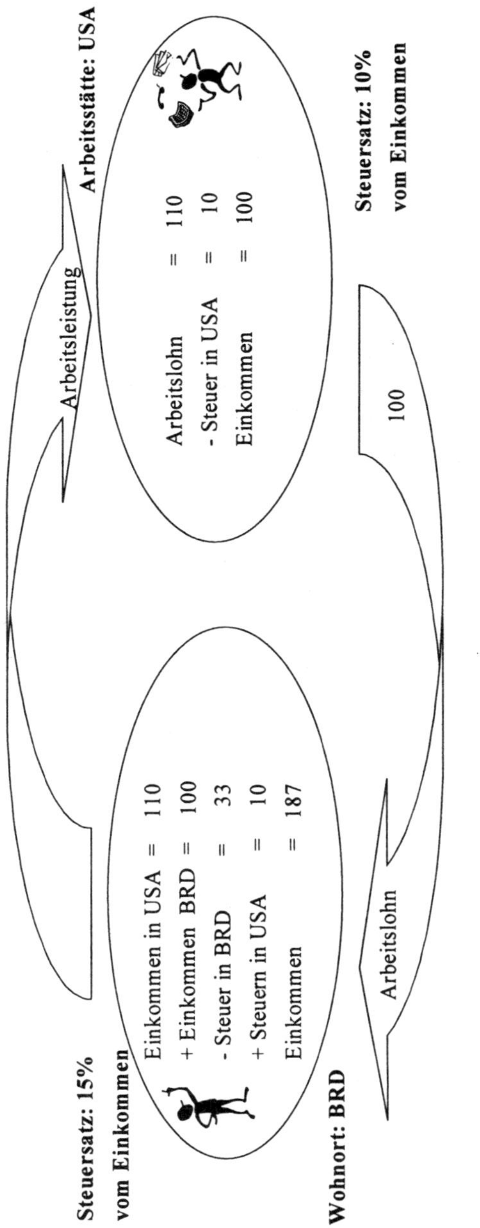

Abb. 10: Quellenprinzip bei den direkten Steuern

Denken Sie einmal an den vielzitierten Buchhalter in Indien: Wo erzielt denn dieser sein Einkommen? Er selbst sitzt in Indien und verrichtet auch dort seine Arbeit. Seine Arbeitsleistung selbst wird aber in Deutschland genutzt. Wo früher eine Einwanderung stattgefunden hätte, erfolgt nun ein Import von Dienstleistungen. Das Quellenlandprinzip wird hier ausgehebelt. Und weiter: Stellen Sie sich vor, ein Rechner in Mainz wird von Australien aus ferngewartet. Wo erzielt der australische Programmierer sein Einkommen? Reicht die Präsenz eines Rechners oder Servers in einem Land, um dort den Tatbestand der Einkommenserzielung in dem betreffenden Land zu konstatieren? Wenn eine Firma nur einen Server im Ausland unterhält, wird sie damit automatisch in dem betreffenden Land steuerpflichtig? Sie sehen, die Tatsache, daß das Internet die nationalen Grenzen mehr oder weniger verschwinden läßt, kann für das Quellenlandprinzip das Aus bedeuten.

Doch das sind noch nicht einmal alle Probleme, welche im Zusammenhang mit dem Quellenlandprinzip für die nationalen Steuerbehörden durch das Internet entstehen. Es soll nämlich immer wieder Leute geben, die sich mit Ihrem Schicksal als Steuerzahler nicht abfinden wollen. Wenn es sich bei diesen Personen auch noch um solche handelt, die ihr Einkommen teilweise im Ausland erzielen (vor allem internationale Firmen), so werden sie versuchen, ihre Steuererklärung im Rahmen des Quellenlandprinzips so zu gestalten, daß die gesamte gezahlte Steuer möglichst minimiert wird. Und das ist in diesem System durchaus möglich. Wie?

Nun die Grundidee ist recht simpel: Da jedes Land ein anderes Steuersystem hat, wird auch die Steuerbelastung unterschiedlich hoch sein. Wenn Sie die Wahl haben, Ihr Einkommen entweder in Deutschland zu versteuern, wo Sie im Ernstfall einem Grenzsteuersatz von bis zu 53% unterliegen, oder aber sich den Steuergesetzen von Monaco zu unterwerfen, wo nach Zahlung der Steuern doch etwas mehr Geld übrig bleibt, um den Ferrari zu tanken, für welche Alternative würden Sie sich entscheiden? (Fragen Sie einmal einige deutsche Sportler!) Die Strategie ist klar: Man muß dem deutschen Fiskus klar machen, daß ein Großteil des Einkommens in Monaco entstanden und demzufolge dem Zugriff der deutschen Finanzbehörden entzogen ist. (Sehen wir einmal von der Möglichkeit ab, gänzlich nach Monaco auszuwandern.)

Nun gehören unglücklicherweise die wenigsten Menschen zu der privilegierten Bevölkerungsschicht, die sich eine Villa am Strand von Monaco leisten kann. Aber die meisten Unternehmen sind auch im Ausland tätig. Und hier tun sich natürlich Abgründe auf. So finden sich in allen Medien immer wieder Klagen darüber, daß deutsche Unternehmen ihre Gewinne ins Ausland verlagern und sie damit dem Zugriff des deutschen Fiskus entziehen. Dieses Verhalten ist unmittelbare Folge der Anwendung des Quellenlandprinzips: Je mehr Gewinne eines inländischen Unternehmens im Zuge einer internen Verrechnung mit den Tochtergesellschaften ins (steuerlich gesehen günstigere) Ausland verlagert werden, um so mehr reduziert sich die Steuerbelastung im Inland. In der Praxis sieht das dann beispielsweise so aus, daß Lieferungen von der ausländischen Tochterfiliale an das inländische Mutterunternehmen hoch bezahlt werden: Der Konzernmutter entstehen dadurch hohe Kosten (man muß die Lieferungen aus dem Ausland hoch bezahlen), was die steuerpflichtigen Gewinne reduziert. Zwar macht die ausländische Tochterfiliale im Gegenzug durch die überhöhten Preise für ihre Lieferungen erhöhte Gewinne, diese unterliegen aber dem geringeren ausländischen Steuersatz. Unter dem Strich sinkt damit die Gesamtsteuerbelastung für den Gesamtkonzern.

Sie sehen, das Quellenlandprinzip bereitet dem Fiskus bereits jetzt Probleme hinsichtlich der Besteuerung, und diese Probleme könnten mit stärkerer Nutzung des Internet noch verschärft werden: Je leichter es wird, Leistungen aus dem Unternehmen ins Ausland zu verlagern (und wir haben im vorherigen Kapitel gesehen, daß die Möglichkeiten dafür immer besser werden), um so größer werden die Möglichkeiten für Unternehmen, durch die Gründung von Tochterunternehmen im Ausland die inländische Steuerbelastung zu reduzieren. Da muß sich der Fiskus etwas einfallen lassen.

Einen Ausweg bietet das sogenannte Wohnsitzprinzip, das in der Abbildung 11 dargestellt ist: Alle Einkünfte eines Unternehmens oder einer Privatperson werden unabhängig davon, wo sie erzielt werden, am Standort des Unternehmens bzw. dem Wohnort der Privatperson besteuert. Und da jeder Arbeitnehmer und jedes Unternehmen irgendwo ansässig sein muß, wird vermieden, daß Teile des Einkommens nicht besteuert werden. Der Nachteil für einzelne Länder: Sie müssen darauf verzichten, die Einkünfte von Ausländern oder ausländischen Firmen im Inland zu besteuern. Das bedeutet Einnahmeverluste für den Finanzminister, abgesehen von den Vorbehalten der einheimischen Bevölkerung, die sich einstellen könnten, wenn ausländische Unternehmen die inländische Infrastruktur nutzen, ohne dafür in Form von Steuern zu bezahlen. Dennoch: Im Zuge einer zunehmenden Nutzung des Internet wird es immer schwieriger werden, das Quellenlandprinzip als Besteuerungsprinzip im internationalen Rahmen durchzusetzen, so daß ein Übergang zum Wohnsitzprinzip irgendwann zwingend werden könnte.

Doch damit sind wahrscheinlich nicht alle Probleme gelöst. Denken Sie einmal an das Beispiel der virtuellen Unternehmen aus dem vorherigen Kapitel. Wenn man ein Unternehmen komplett über das Internet führen kann, was hält den Unternehmer davon ab, den Firmensitz und damit den Ort der Besteuerung virtuell ins Ausland zu verlagern? Im Extremfall genügt ein Rechner im Ausland und einige Schreiben an zuständige Behörden, und schon ist der Firmensitz ins Ausland verlegt. Und damit steht man trotz Wohnsitzprinzip wieder vor dem Problem der Steuerausweichung. Müssen wir also in Zukunft damit rechnen, daß alle unsere Unternehmen ihren Firmensitz ins Ausland verlegen und somit nur noch diejenigen Steuern zahlen werden, die keine Möglichkeit haben, einen Rechner im Ausland zu mieten?

Auch hier raten wir wieder zur Besonnenheit. Sicherlich gibt es einige Unternehmen, die ihren Sitz ins Ausland verlagern, aber wird deren Zahl denn so groß sein? Bedenken Sie bitte: Den hohen Steuern und Standortkosten stehen auch etliche Vorteile für die Firmen gegenüber: Neben der Infrastruktur und den gut ausge-

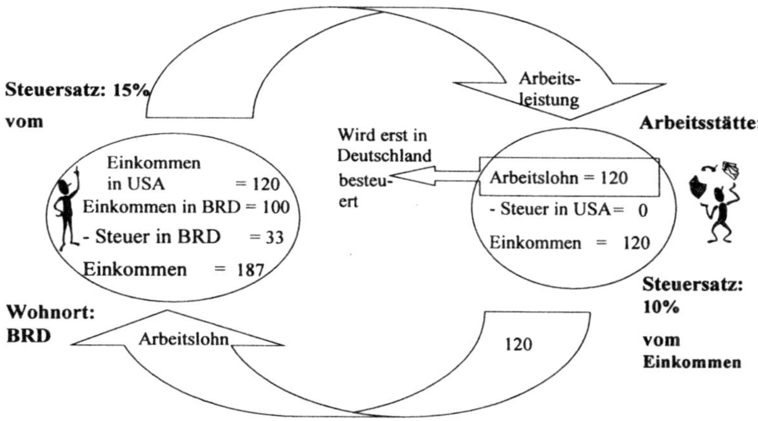

Abb. 11: Das Wohnsitzprinzip bei direkten Steuern

bildeten Arbeitskräften können sich das Rechtssystem und die politische Stabilität eines Landes als Standortvorteile erweisen. Dies sind alles Gründe, die gegen eine Verlagerung des Firmensitzes in Ausland sprechen. Solange das heimische Rechtssystem inländischen Firmen gewisse Vorteile bietet, existieren auch Gründe dafür, den Firmensitz im Inland zu behalten.

Und mehr noch: Würden sie als Deutscher ernsthaft in Erwägung ziehen, eine Versicherung bei einem Unternehmen abzuschließen, das seinen Firmensitz und Gerichtsstand auf dem Bahamas hat? Wenn Sie ein aufmerksamer Zeitungsleser sind, werden Sie sicherlich wissen, daß das nur Ärger nach sich ziehen kann. Und so könnte es sein, daß Unternehmen gezwungen sind, ihren Firmensitz im Inland zu unterhalten, weil die Konsumenten im Vertrauen auf das eigene Rechtssystem Firmen mit inländischem Wohnsitz ausländischen Firmen vorziehen. Und nicht zuletzt: Glauben Sie ernsthaft, daß bestimmte große und bekannte Unternehmen es sich leisten könnten, unter großem Medienrummel, den es sicherlich geben würde, zu verkünden, daß sie von nun an im Inland keine Steuern mehr zahlen wollen? Wir nicht. Und noch ein letzter Punkt: Bedenken sie bitte, daß alle Unternehmensgewinne eines Tages an die Aktionäre oder Eigentümer der Firmen ausgezahlt werden. Sobald dies aber der Fall ist, schlägt die heimische Einkommensteuer zu. Mit anderen Worten: Wenn man bedenkt, daß jeder Unternehmensgewinn eines Tages an eine Person fließt, die - und das liegt in der Natur der Sache - einen Wohnsitz haben muß, so schlägt spätestens dann die dortige Einkommensteuer zu. Ihrem heimischen Fiskus können sie sich auf Dauer also nur entziehen, wenn sie Ihren Wohnsitz im Ausland wählen. Das tun immer noch die wenigsten Deutschen, und vor allem: Über das Internet können Sie das nicht bewerkstelligen.

Lassen Sie uns zusammenfassen festhalten: Das Internet erhöht durchaus die Möglichkeiten für Unternehmen, ihre Steuerlast zu reduzieren. Neben den technischen Problemen, die bei einer Beibehaltung des Quellenlandprinzips entstehen könnten, haben sich durch das Aufkommen des Internet die Möglichkeiten, den Firmensitz ins Ausland zu verlagern, erhöht. Dennoch glauben wir nicht, daß alle Firmen mit Mann und Maus dem Inland den Rükken kehren werden. Darüber hinaus haben wir gezeigt, daß man dem langen Arm des Fiskus wenn überhaupt nur temporär entgehen kann. Vor allem, wenn man bedenkt, daß nicht nur das Einkommen, sondern auch der Konsum besteuert wird. Und das wollen wir uns jetzt etwas näher ansehen.

Indirekte Steuern: Where have you bought your stuff today?

Neben den Steuern auf die Einkommenserzielung hat der Staat, der nie um eine Idee verlegen ist, wenn es um die Beschaffung von Mitteln geht, auch noch entdeckt, daß man ja nicht nur die Einkommenserzielung, sondern auch die Einkommensverwendung - sprich: den Konsum - besteuern kann. Und so sehen wir uns heute neben der Einkommensteuer den sogenannten Verbrauchsteuern ausgeliefert. Es bleibt einem wirklich nichts erspart.

Die Grundidee ist recht einfach: Besteuert werden soll der Konsum bzw. Verbrauch eines Gutes. Dazu bedient sich der Staat in der Regel zweier Arten von indirekten Steuern: Einer allgemeinen Verbrauchsteuer und einiger spezieller Verbrauchsteuern. Die allgemeine Verbrauchsteuer ist Ihnen unter dem Namen Mehrwertsteuer bzw. Umsatzsteuer sicherlich ein Begriff (manche verwenden den Begriff 'Märchensteuer'). Auch einige spezielle Verbrauchsteuern dürften Sie kennen: Beispielsweise die Steuer auf Alkohol, die Tabaksteuer oder aber die Mineralölsteuer. Hier wird der Verbrauch eines bestimmten Gutes besteuert. Um nun zu erklären, was das Internet damit zu tun hat, muß man wissen, wie diese Steuern im grenzüberschreitenden Warenverkehr gehandhabt werden.

Hier stellt sich folgendes Problem: Jedes Land will nicht darauf verzichten, seine eigenen Verbrauchsteuern auf den Konsum seiner Mitbürger zu erheben. Beim Verbrauch von Importen steht man dann aber vor einem Problem, wenn diese bereits in ihrem Herstellungsland mit einer Verbrauchsteuer belegt worden sind. Würde man in diesem Fall nichts unternehmen, so wären Importe eventuell allein aufgrund ihrer Doppelbesteuerung mit Verbrauchsteuern viel teurer als heimische Produkte. Will man nun jedes Gut nur einmal besteuern, so muß nun entweder das importierende Land auf die Besteuerung seiner Importe oder aber das Exportland auf die Besteuerung seiner Exporte verzichten.

Organisatorisch kann dies mittels zweier grundlegenden Besteuerungsprinzipien im internationalem Handelsverkehr erreicht werden: Dem Ursprungslandprinzip und dem Bestimmungslandprinzip. Beim Bestimmungslandprinzip verzichtet das Exportland auf eine Erhebung der Verbrauchsteuern, beim Ursprungslandprinzip das Importland. Wie funktioniert das?

Zunächst einmal zum Bestimmungslandprinzip. Hier verzichtet das Exportland darauf, eine Verbrauchsteuer auf seine Exporte zu erheben, diese werden also vor dem Grenzübertritt von den Verbrauchsteuern befreit. Sobald die Exporte dann ihr Bestimmungsland, also den Ort, an dem sie konsumiert werden, erreichen, werden sie dort mit den für dieses Land geltenden Verbrauchsteuern belegt. Im Resultat werden diese Güter dann nur einmal besteuert, nämlich mit den Steuern des Landes, in dem sie konsumiert werden. Abbildung 12 gibt ein Beispiel für das Bestimmungslandprinzip.

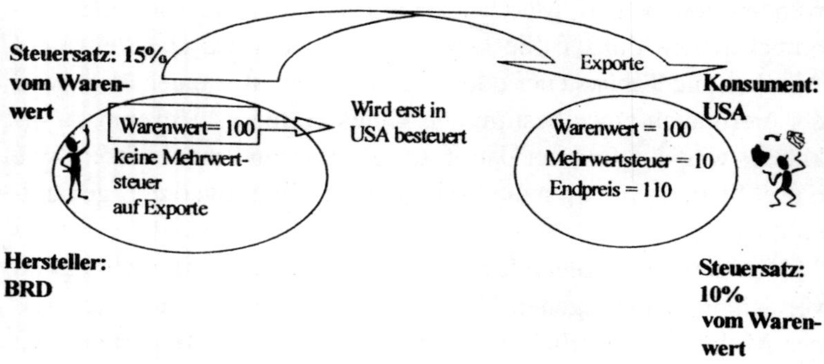

Abb. 12: Bestimmungslandprinzip im internationalen Handel

Beim Ursprungslandprinzip ist das anders: Hier wird die Verbrauchsteuer unmittelbar beim Hersteller der Waren erhoben, also in ihrem Ursprungsland, in dem sie hergestellt worden sind. Von dort aus können sie dann ins Ausland verbracht werden, wo sie dann nicht mehr versteuert werden. Auch hier erfolgt die Besteuerung mit Verbrauchsteuern nur einmal, diesmal allerdings im Herkunftsland der Waren. Auch das Ursprungslandprinzip haben wir in Abbildung 13 noch einmal illustriert.

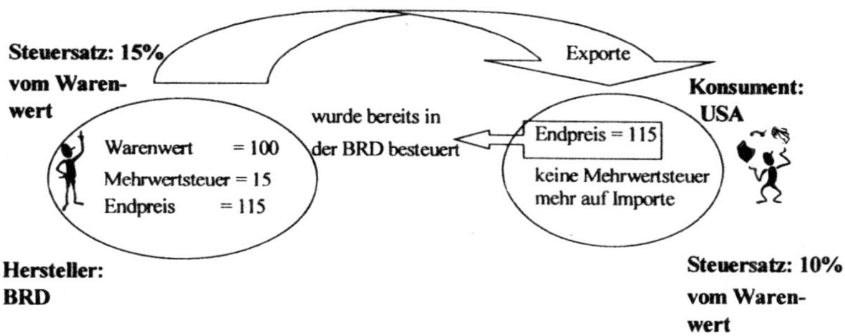

Abb. 13: Das Ursprungslandprinzip im internationalen Handel

Das Resultat beider Verfahren ist insofern identisch, als der Verbrauch von Importen nur ein einziges Mal besteuert wird. Einen feinen Unterschied werden Sie allerdings sicherlich bemerkt haben: Bei Geltung des Ursprungslandprinzips fallen die Verbrauchsteuereinnahmen dem Herstellerland zu, während bei Gültigkeit der Bestimmungslandprinzips die Steuererträge dem Land zufallen, in das die zu versteuernden Importe verbracht werden. Wenn Sie jetzt noch überlegen, daß es im Interesse der Herstellungsländer liegt, ihre Exporte nicht doppelt zu besteuern (sonst wären sie kaum noch abzusetzen), und dann noch unterstellen, daß jeder nationale Fiskus immer steuerhungrig ist, dann dürfte es Sie nicht verwundern, daß in der Regel im internationalen Handelsverkehr das Bestimmungslandprinzip Anwendung findet. So ist auch der Handelsverkehr innerhalb der Europäischen Union dergestalt organisiert, daß die Herstellungsländer ihre zum Export bestimmten Waren von den Verbrauchsteuern befreien, während die Importländer ihre Importe mit der nationalen Verbrauchsteuer belasten. So weit, so gut. Was hat das jetzt mit dem Internet zu tun?

Wenn Sie sich das Prinzip des Bestimmungslandprinzips genau vor Augen halten, so werden Sie feststellen, daß dessen Funktionsfähigkeit wesentlich davon abhängt, daß Sie zwischen der Produktion für den heimischen Markt sowie Exporten und Importen unterscheiden können. Dazu sind Sie bei der Anwendung des Bestimmungslandprinzips darauf angewiesen, die grenzüberschreitenden Handelsströme an wenigstens einer Stelle kontrollieren zu können. Ansonsten dürfte es Ihnen schwer fallen, die Exporte von der Mehrwertsteuer zu entlasten und die Importe mit ihr zu belasten. Beides könnte sich bei einer zunehmenden Nutzung des Internet als schwierig erweisen. Hierbei müssen wir zwischen digitalen, d.h. komplett über das Internet lieferbaren Gütern, und physischen, d.h. auf normalem Wege lieferbaren Gütern, unterscheiden.

Bei einer Lieferung von (digitalen) Gütern über das Internet kann es passieren, daß man nicht mehr feststellen kann, ob die über das Internet bezogenen Güter Importe sind, ebenso wie man unter Umständen nicht mehr nachvollziehen kann, ob die über das Netz verkauften Güter ins Ausland gehen oder nicht. Überlegen Sie einmal: Man liefert ein Gut (ein Programm, Videos, Pläne oder Musik) über das Internet an einen anderen Handelspartner. Da Sie bereits mit der Struktur und Arbeitsweise des Internet vertraut sind, dürfte Ihnen schnell klar werden, daß der Lieferant unter Umständen überhaupt nicht weiß, welchen Wohn- oder Geschäftssitz sein virtueller Handelspartner hat. Wenn er dies aber nicht weiß, wie will er dann feststellen, ob er seine Ware ins Ausland liefert? Eventuell liefert er ins Ausland, ohne die dabei mögliche Verbrauchsteuerbefreiung in Anspruch zu nehmen. Aber das scheint halb so wild: Da der Kunde im Ausland Interesse daran hat, die Waren billig zu erwerben, wird er schon mitteilen, daß es sich bei der Lieferung um Exporte handelt und den Lieferanten dazu veranlassen, die Exporte von der Steuer befreien zu lassen. Sonst müßte er, da er in seiner Heimat ebenfalls Verbrauchsteuern zahlen muß, zweimal Steuern bezahlen.

Aber halt: Woher weiß der Lieferant denn mit Sicherheit, daß sein Handelspartner wirklich im Ausland sitzt? Könnte das ein Problem werden? Sollte ein Händler im Inland seinem Lieferanten vorgaukeln, daß sein Firmensitz im Ausland liegt? Das würde ihm doch die inländische Verbrauchsteuer auf die ihm gelieferten Güter ersparen. Und weiter: Eine weitere Möglichkeit, Steuern zu sparen, könnte darin bestehen, Importe aus dem Ausland einfach nicht als solche zu deklarieren, um so zu verhindern, daß sie mit den Verbrauchsteuern des Inlandes belastet werden.

Ein Blick auf das deutsche System der Mehrwertsteuer zeigt allerdings, daß die hier vorgetragenen Strategien zur Vermeidung der Mehrwertsteuer nicht funktionieren. Das liegt an der technischen Ausgestaltung der Mehrwertsteuer, dem Vorsteuerabzugsverfahren. Dieses Verfahren funktioniert - grob gesagt - so, daß der Verkäufer der Ware bei der Bezahlung der Mehrwertsteuer für den Konsumenten quasi in Vorlage tritt: Der Verkäufer muß beim Verkauf der Ware die Mehrwertsteuer auf den vollen Verkaufspreis berechnen und an das Finanzamt abführen. Da die Mehrwertsteuer aber letztlich vom Konsumenten und nicht vom Produzenten getragen werden soll, erstattet der Staat den Produzenten diejenige Mehrwertsteuer zurück, welche diese auf die Produkte gezahlt haben, mit deren Hilfe sie das Endprodukt hergestellt haben (das sind die sogenannten Vorprodukte). Warum sollten die Produzenten also den Import von Vorprodukten dem Finanzamt verschweigen, wenn sie die inländische Steuer auf diese Importe zurückerstattet bekommen?

Diese Überlegungen machen klar, daß der Versuch, das Finanzamt bei der Zahlung der Mehrwertsteuer hinters Licht zu führen, sich für den heimischen Produzenten nicht lohnt. Auf der einen Seite hat ein Importeur stets Interesse daran, Importe als solche zu deklarieren, um zu vermeiden, daß er auf seinen Produktpreis auch noch die Verbrauchsteuer des Auslandes draufschlagen muß. Auch der Exporteur hat ein Interesse daran, seine Waren von der inländischen Steuer befreien zu lassen. Zum anderen lohnt sich die Strategie, dem Lieferanten einen Firmensitz im Ausland vorzugaukeln, nicht, da man als Produzent die Steuer, welche vom Inland nachträglich auf die Importe erhoben werden, vom Fiskus zurückerstattet bekommt. Da die Verbrauchsteuern so konzipiert sind, daß sie vom Konsumenten getragen werden, muß man sich als Produzent keine Gedanken um deren Vermeidung machen. Den Verbrauchsteuern auszuweichen lohnt sich nur für diejenigen, die sie letztlich bezahlen müssen: für die Konsumenten. Und hier gibt es in der Tat mit dem Aufkommen des Internet Möglichkeiten, dem Finanzminister ein Schnippchen zu schlagen.

Privatpersonen, die kein Gewerbe angemeldet haben, müssen auf alle Produkte, die sie einkaufen, Verbrauchsteuern zahlen. Kaufen sie nun Produkte aus dem Ausland, die aufgrund der dort geringeren Verbrauchsteuern billiger sind als die inländischen Waren, und müssen sie im Inland keine Verbrauchsteuern nachzahlen, so wird der Einkauf im Ausland vorteilhaft. Will der Staat diesen steuerbedingten Einkaufstourismus der Privaten, die sogenannten Direktimporte, unterbinden, so ist er darauf angewiesen, auch den grenzüberschreitenden Warenverkehr der Privaten zu kontrollieren. Darauf kommen wir noch einmal zurück.

Trotz der nur begrenzten Möglichkeiten der Steuervermeidung ist deutlich geworden, wie wichtig es ist, bei Anwendung des Bestimmungslandprinzips grenzüberschreitende Handelsströme sowie den Firmensitz der beteiligten Geschäftspartner identifizieren zu können. Ist dies nicht gewährleistet, so ergeben sich bei der Anwendung des Bestimmungslandprinzips Probleme in der Umsetzung. Und genau dies kann im Internet passieren: Man kann weder kontrollieren, woher ein Datenstrom kommt, noch, ob er eine private Mail oder eine über das Internet lieferbare Handelsware enthält. Darüber hinaus tritt man mit Geschäftspartnern in Kontakt, deren Firmensitz man eventuell gar nicht kennt. In dem Ausmaß, in dem das Internet nationale Grenzen aufhebt, läßt es auch nationale Steuergrenzen verschwinden, was die Besteuerung des internationalen Handelsverkehrs erheblich erschwert.

Will man eine aufwendige Kontrolle der Waren- und Handelsströme vermeiden, so hilft hier nur ein Übergang zum Ursprungslandprinzip. Hier werden alle Waren, unabhängig davon, ob sie für den Export oder für den Binnenmarkt bestimmt sind, beim Hersteller der Verbrauchsteuer unterworfen. Damit entledigt man sich der Notwendigkeit, die grenzüberschreitenden Warenströme zu kontrollieren. Eigentlich ganz einfach, oder? Aber warum wendet man dieses Prinzip nicht an? Selbst im gemeinsamen Binnenmarkt der Europäischen Union, in dem es eigentlich keine Grenzen mehr für Güter- und Dienstleistungsimporte geben sollte, wendet man das Bestimmungslandprinzip an und nimmt damit eine aufwendige Kontrolle der Ex- und Importe direkt bei den Betrieben in Kauf. Warum?

Überlegen Sie sich einmal, was bei einem Übergang vom Bestimmungslandprinzip zum Ursprungslandprinzip passiert: Beim Bestimmungslandprinzip fallen die Verbrauchsteuern dem Land zu, in dem die besteuerten Waren konsumiert werden. Beim Ursprungslandprinzip hingegen fallen sie dem Land zu, in dem sie produziert werden. Ein Übergang vom Bestimmungslandprinzip zum Ursprungslandprinzip würde also implizieren, daß sich die Steuererträge aus dem zwischenstaatlichen Handelsverkehr zugunsten derjenigen Länder umverlagern würden, die mehr exportieren als importieren, also Exportüberschüsse aufweisen.[1] Beim Bestimmungslandprinzip gehen die Steuerzahlungen aus den Verbrauchsteuern an den Staat, in dem die betreffenden Güter konsumiert werden. Beim Ursprungslandprinzip erhält der Heimatstaat des Produzenten, bei dem jetzt die Verbrauchsteuern erhoben werden, die Steuerzahlungen. Bei einem Übergang vom Bestimmungslandprinzip zum Ursprungslandprinzip beraubt sich der heimische Staat damit der Möglichkeit, Verbrauchsteuern auf Teile des Konsums seiner Bürger zu erheben. Und welcher Staat möchte das schon?

Doch dessen nicht genug: Bei Geltung des Ursprungslandprinzips werden auch die Unterschiede in der Höhe der nationalen Steuersätze interessant. Je geringer die Steuersätze im Ausland im Vergleich zum Inland sind, um so billiger werden Importe für das Inland, allein aufgrund unterschiedlicher Steuerbelastungen. Das Resultat ist klar: Einheimische Produzenten verlieren Marktanteile an das Ausland allein aufgrund der Tatsache, daß inländische Produkte höher besteuert werden als ausländische. Wohin das führen kann, zeigen die bereits erwähnten Direktimporte. Direktimporte sind Einkäufe ausländischer verbrauchsteuerpflichtiger Waren durch inländische Privatpersonen. Kauft man als Privatperson Zigaretten oder Alkohol im Ausland (beispielsweise in Luxemburg), so zahlt man die dortige Verbrauchsteuer und muß im Inland keine Steuern mehr bezahlen, sofern sich die Menge der gekauften Waren innerhalb gewisser Toleranzgrenzen befindet. Direktimporte von Privaten werden also in der Regel nach dem Ursprungslandprinzip besteuert. Die Folge können Sie an jeder Grenze beobachten: Dort existiert ein reger Steuertourismus, bei dem die Einwohner des einen Landes in das andere Land fahren, um die aufgrund der Steuerunterschiede dort günstigeren Waren einzukaufen. Nun hat natürlich der jeweilige nationale Finanzminister etwas dagegen, vor allem wenn der Bazillus des Steuertourismus dann auch auf die einheimischen Produzenten übergreift.

Das Internet hat dieser Art von Tourismus bereits ausgiebig Schützenhilfe geleistet, indem es die Möglichkeiten der Direktimporte erhöht: Beim Einkaufsbummel in virtuellen Einkaufszentren können Sie Produkte aus dem Rest der Welt ordern, welche Sie dann entweder digital oder per Frachtpost ins Haus geliefert bekommen. Diese Einkäufe stellen ebenfalls Direktimporte dar und laufen damit auf Steuereinbußen für den heimischen Finanzminister hinaus. (Natürlich gab es schon früher die Möglichkeit, über Kataloge im Ausland zu bestellen, aber das Internet hat diesen

Trend sicherlich noch verschärft.) Zwar läuft die Frachtpost über den heimischen Zoll und kann somit vom Fiskus kontrolliert werden, aber die Lieferung digitaler Güter erfolgt prompt auf den heimischen Rechner und entzieht sich somit jeglicher Kontrolle durch staatliche Instanzen. Das könnte dem Finanzminister in Zukunft durchaus ein Loch in die Brieftasche reißen.

Tja, fassen wir mal zusammen: Mit zunehmender Nutzung des Internet wird es für den Finanzminister immer schwerer, an seine Steuermittel zu kommen: Bei den Steuern auf Einkommen oder Unternehmensgewinne kann er nur noch nach dem Wohnsitzprinzip besteuern, aber auch hier muß er damit rechnen, daß Ihm Steuerzahler im wahrsten Sinne des Wortes davonlaufen. Bei den indirekten Steuern wird der Aufwand zur Erhebung dieser im internationalen Warenverkehr immer schwieriger, und bei einem Übergang zum Ursprungslandprinzip muß der nationale Fiskus mit der Konkurrenz aus Staaten mit niedrigeren Steuersätzen rechnen. Und zu allem Überfluß werden die Möglichkeiten des Steuerbetrugs und der Steuerhinterziehung durch die Existenz des Internet nicht gerade geschmälert, um es mal vorsichtig auszudrücken. Damit ist der Schuldige klar entlarvt: Das Internet. Und da Ihnen die Phantasie der Politiker - zumindest was die Erhebung von Steuern angeht - bestens vertraut sein dürfte, ist es sicherlich keine Überraschung, daß die hier bereits angeführten Probleme doch ein gutes Argument für eine neue Steuer bieten. Und was soll man besteuern? Na klar, das Internet natürlich. Das verdient nähere Aufmerksamkeit.

Eine Uuuuuh, wie bitte? Bit-Steuer?!

Die Auseinandersetzung über eine Besteuerung des Internet, eine sogenannte Bit-Steuer, wird bisher vor allem im Internet heftig geführt, und dort nicht immer in einer Form, die wie hier wiedergeben möchten (obige Überschrift deutet aber den Ton der dort geführten Diskussion an). Wie sieht der Vorschlag aus?

Vorgeschlagen wird eine Steuer auf jedes Bit, also die kleinste Dateneinheit, die im Internet versendet wird. Als Steuersatz wird ein Satz von ungefähr 0,000001 amerikanische Cents pro Bit gehandelt (ersparen Sie uns bitte, das in Pfennige umzurechnen!). Hierbei stoßen Sie natürlich auf ein Problem: Wo und wie messen Sie die versendeten Daten? Vor allem bei einem weltumspannenden Datennetz, wie es das Internet ist, kriegen Sie da Probleme, wenn Sie eine solche Steuer in einem nationalen Alleingang einführen wollen. In der Politik läuft die Debatte um diese Steuer erst recht langsam an, offensichtlich traut man sich noch nicht so richtig. Doch werden erste Pläne zur Besteuerung bereits gehandelt, und auch die Europäische Kommission mischt dort recht tatkräftig mit, besteht doch hier die Hoffnung, sich eine eigene Einnahmequelle zu erschließen. (Schließlich wirkt eine nationale Steuer in einem weltumspannenden Medium wie dem Internet etwas lächerlich, oder?) Die Befürworter einer Bit-Steuer glauben auch, ökonomisch profunde Argumente für eine solche Steuer gefunden zu haben. Schauen wir uns diese mal näher an.[2]

Ausgangspunkt der Überlegungen der Befürworter einer Bit-Steuer ist die Vorstellung, daß mit einem zunehmendem Wandel der wirtschaftlichen Strukturen zu einer Informationsökonomie den Nationalstaaten die Steuerbasis wegbrechen könnte. Warum dieses? Interessanterweise dienen den Befürwortern einer Bit-Steuer nicht die von uns bisher dargelegten Überlegungen als Argument für diese These, ihre Argumentation stellt sich etwas anders dar: Je mehr nicht-physische (digitale) Güter hergestellt werden, die im Gegensatz zu physischen, d.h. festen Gütern, nicht mehr von der Mehrwertsteuer erfaßt werden können, um so mehr werden dem Staat die Mehrwertsteuereinnahmen wegbrechen. Wie kann man auf eine solche Idee kommen? Dazu muß man zunächst erklären, wie eine Mehrwertsteuer funktioniert.

Stellen Sie sich einmal die Produktion eines Gutes, beispielsweise eines Computerprogramms, vor (Sie werden gleich sehen, warum wir dieses Beispiel wählen). Nehmen wir an, daß der einzige Produktionsfaktor, der dazu benötigt wird, das Papier ist, auf dem der Code des Programmes notiert wird. Wenn das Papier für sagen wir hundert Mark eingekauft wurde, und das Programm für zweihundert Mark verkauft wurde, so wurde durch die Programmierarbeit ein Wert von hundert Mark geschaffen. Diese hundert Mark sind die sogenannte Wertschöpfung, die von der Mehrwertsteuer erfaßt wird. Mit anderen Worten: Die fünfzehn Prozent Mehrwertsteuer, die beim Verkauf des Programms berechnet und an den Staat abgeführt werden, betragen nur fünfzehn Mark, nämlich fünfzehn Prozent von hundert Mark[3]. Dieses Beispiel macht eines deutlich: Für die Erhebung der Mehrwertsteuer spielt es keine Rolle, ob das betreffende Gut physischer oder nicht-physischer Natur ist, entscheidend ist lediglich, daß im Prozeß der Herstellung des Gutes eine Wertschöpfung entsteht. Also, das Argument, daß nicht-physische Güter nicht besteuert werden können, zieht nicht. (Wie Sie sehen, haben wir eben vorgeführt, wie ein Computerprogramm, also im Grunde genommen ein nicht-physisches Gut, mit der Mehrwertsteuer belastet wird.)

Aber die Befürworter der Bit-Steuer haben noch einen weiteren Pfeil im Köcher: Der ständige technische Fortschritt, so das Argument, neigt immer mehr dazu, sich nicht in Form eines höheren Mehrwertes (und damit in Form höherer Steuererträge), sondern lediglich in Form höherer Qualität und Kundenzufriedenheit widerzuspiegeln. Damit wird sozusagen der Fiskus ausgetrickst: Statt höherer Preise - und daraus resultierend einem höheren Aufkommen an Mehrwertsteuereinnahmen (vergessen Sie nicht, die Mehrwertsteuer wird als Prozentsatz des Verkaufspreises bestimmt) - verbessert sich nur die Qualität der Produkte, der Fiskus geht leer aus. Abgesehen von der Tatsache, daß dieses Argument für jede Form technischen Fortschritts gilt, ist eigentlich nicht ganz einzusehen, warum die hier beschriebene Entwicklung eintreten sollte. Dies mag für einige hart umkämpfte Märkte gelten, aber warum sollte dies für eine gesamte Volkswirtschaft gelten? Und mehr noch: Angenommen, die von den Befürwortern der Bit-Steuer befürchtete Entwicklung tritt tatsächlich ein, was würde passieren? Ganz einfach: eine solche Entwicklung würde bedeuten, daß die Konsumenten ein höheres Einkommen zur Verfügung hätten. Schließlich können Sie bessere Produkte bei gleichbleibenden oder sogar sinkenden Preisen erwerben. In Zeiten steigender Einkommen bedeutet dies mehr frei verfügbares Einkommen. Da alle Produkte nun zum gleichen Preis mit besserer Qualität verkauft werden, bleibt dem Kunden mehr Geld in der Tasche. Sobald die Konsumenten dieses Geld verausgaben, entstehen neue Mehrwertsteuereinnahmen. Also auch dieses Argument kann nicht überzeugen.

Als weiteres Argument für die These eines Schwindens der Mehrwertsteuereinnahmen führen die Befürworter der Bit-Steuer ein eher anekdotisches Argument an: Stellen Sie sich einmal vor, daß die Post nicht mehr mit Hilfe der 'gelben' Post, also per Brief, sondern über E-Mail versendet wird. Während im Falle der gelben Post Mehrwertsteuer auf die Beförderung gezahlt werden muß, kommt man nach Einschätzung der Befürworter der Bit-Tax bei einer Übermittlung der Post über E-Mail mehrwertsteuerfrei davon. Wenn sie sich jetzt einmal an die Ausführungen zum Aufbau des Internet erinnern, so dürfte es Ihnen nicht schwer fallen, dieses Argument als falsch zu entlarven: Wenn man einen Internet-Zugang über einen Provider erhält, so muß man diesen für diese Dienstleistung selbstverständlich entlohnen - inklusive Mehrwertsteuer. Und mehr noch: Auf dem Rechner und der Software, die man für den Internet-Zugang benötigt, lastet ebenso die Mehrwertsteuer wie auf der Telefonrechnung, die im Zuge steigender Internet-Nutzung ebenfalls in die Höhe geht. Also eher Fehlanzeige mit dem Traum vom steuerfreien Vergnügen.

Aber so leicht geben Politiker nicht auf, wenn Aussicht auf eine neue Einnahmequelle besteht. Und so gibt es neben dem - ungerechtfertigten - Argument vom Verschwinden der Steuereinnahmen auch noch ein weiteres Argument: Die Furcht vor einem Zusammenbruch des Internet durch zu viele Benutzer. Da wollen wir doch mal näher hinschauen.

Tod durch Erstickung?

Als 1996 die Raumsonde Pathfinder auf dem Mars landete und Bilder von der Marsoberfläche zur Erde funkte, wurden diese sogleich zum Abruf ins Internet gestellt. Das Verlangen der Internet-Gemeinde nach diesen Bildern war so groß, daß es zu einem Zusammenbruch des Netzes kam: Da zu viele Internet-Nutzer gleichzeitig versuchten, sich die Bilder vom Mars auf ihren Rechner zu laden, wurde das Internet schlichtweg überlastet. Es kam also sozusagen zu einem Verkehrsstau auf der Datenautobahn. Dieses singuläre Ereignis wurde nun von den Befürwortern einer Bit-Steuer als Beleg für die Notwendigkeit einer solchen Steuer gewertet. Dahinter stand die Überlegung, daß es mit steigender Nutzung des Internet zunehmend zu Engpässen bei der Durchleitung der Daten kommen könnte. Das wiederum könnte zur Folge haben, daß beispielsweise wichtige Daten, die über das Netz verschickt werden, wie z.B. Daten, die für eine Operation benötigt werden, nur langsam oder gar nicht ans Ziel kommen, weil zur gleichen Zeit andere, weniger dringende Daten (der Download eines Fotos von Pamela Sue Anderson), sämtliche Wege im Netz blockieren.

Also, so die Idee, könnte man mit einer Besteuerung des Datenflusses im Internet erreichen, daß die Überfüllung des Internet mit sogenanntem Informationsmüll reduziert wird und die Bahn frei gemacht wird für wichtige Daten. Ökonomisch sieht man dieses Vorgehen dadurch gerechtfertigt, daß durch die Überflutung des Netzes mit irrelevanten, unwichtigen Daten die Übertragung wichtiger Daten behindert wird. Dadurch, so das Argument, würden der Gesellschaft als Ganzes Kosten entstehen, welche von den Verursachern, nämlich den Absendern des Datenmülls, nicht getragen werden müssen. Durch die Auferlegung einer Bit-Steuer, so die Idee, würde man diesen Leuten die tatsächlichen Kosten, die sie der Gesellschaft durch die Nutzung des Internet auferlegen, und die sich in der Verhinderung der Übertragung wichtiger Daten äußern, aufbürden.

Stellen Sie sich diese Argumentation in etwa folgendermaßen vor: Da die Nutzung der Autobahn (des Internet) umsonst ist, benutzen alle möglichen Autofahrer (Internet-Benutzer) die Autobahn (das Internet) ausgiebig. Wenn nun wichtige Krankentransporte (Daten) auf der Autobahn stecken bleiben, weil diese mit lauter Sonntagsfahrern (Freizeit-Nutzern) überfüllt ist, so kann dies zu schlimmen Folgen für die auf den Krankentransport angewiesenen Personen führen. Hier verursachen offensichtlich die Sonntagsfahrer Nachteile (Kosten) für einzelne Personen, ohne daß sie dies überhaupt bemerken, geschweige denn dafür zahlen. Mit der Einführung einer Autobahnabgabe (Bit-Steuer) würde man den Sonntagsfahrern zum einen zumindest Teile der von ihnen verursachten Kosten auferlegen, zum anderen den Anteil an Sonntagsfahrer reduzieren und damit einer Verstopfung der Autobahn vorbeugen. Diese Argumentation klingt recht einleuchtend und überzeugend, aber stimmt sie denn wirklich?

Was machen Sie, wenn die Autobahnen verstopft sind? Richtig, Sie werden versuchen, auf eine Nebenstrecke, beispielsweise eine Landstraße, auszuweichen. Wiederholen sich diese Staus mit Regelmäßigkeit, so erkennt der Staat, daß hier offensichtlich ein Verkehrsengpaß besteht und ergreift Maßnahmen in Richtung eines Ausbaus der betreffenden Strecke. Was passiert bei langanhaltenden Datenstaus im Internet? Die Provider, welche ihr Geschäft damit machen, daß sie einen Zugang zum Internet bereitstellen, erkennen, daß ihre Leitungskapazitäten nicht mehr ausreichen, und werden entweder die Preise für den Zugang zum Netz oder aber ihre Leitungskapazitäten erhöhen. Vor allem letzteres hat in den letzten Jahren stattgefunden. Wie Sie sehen, artikuliert sich in dem Stau auf der Datenautobahn ein Nachfrageüberhang, der den Anbietern von Leitungskapazitäten anzeigt, daß es sich lohnt, weitere Leitungen bereitzustellen. Ähnliche Phänomene können Sie auf allen Märkten beobachten: Steigt an einem Markt die Nachfrage nach einem Gut, so kommt es zu Preiserhöhungen oder Wartezeiten, die dann natürlich für alle Nachfrager unangenehm sind. Diese Phänomene sind aber für eine Koordination von Märkten äußerst wichtig, da sie signalisieren, daß in diesem

Marktsegment ein höheres Angebot gewünscht wird und damit neue Anbieter in diesen Markt locken. Als Ergebnis steigt das Angebot an diesem Gut, wodurch der Nachfrageüberhang (der Stau im Internet) abgebaut werden kann.

Und so kann man die Argumentation der Befürworter der Bit-Steuer sogar auf den Kopf stellen: Der sogenannte Informationsmüll, der ihrer Meinung nach das Netz verstopft und damit die Übertragung wichtiger Daten verhindert, hat wahrscheinlich dazu beigetragen, daß diese wichtigen Daten heute überhaupt über das Internet verschickt werden können. Die Übertragung dieses Informationsmülls (nebenbei gefragt: wer entscheidet eigentlich darüber, welche Inhalte das sein sollen?) hat die Nachfrage nach Übertragungskapazitäten zunehmen lassen und für Nachfrageüberhänge gesorgt, denen die Provider - zumindest die letzten Jahre - derart begegnet sind, daß sie ihre Leitungskapazitäten aufgestockt und damit auch mehr Kapazität für die Übertragung wichtiger Daten geschaffen haben. Am Ende dieser Entwicklung stehen bessere Nutzungsmöglichkeiten für das Internet zu niedrigeren Preisen.

Eine Besteuerung des Internet würde dazu führen, daß der Ausbau des Internet sicherlich verlangsamt werden würde, da nun die Nachfrage nach Übertragungskapazitäten zurückgeht (das ist ja genau die Intention einer solchen Steuer). Dieser Rückgang der Nachfrage reduziert die Anreize für die Provider, neue Übertragungswege bereitzustellen und auf diesem Weg das Internet auszubauen. Das Ergebnis einer Internet-Steuer wären geringere Kapazitäten, höhere Preise und der Verzicht auf technischen Fortschritt, also auf Wohlstand.

Das sind, wie wir finden, starke Argumente, die gegen eine Besteuerung des Internet sprechen. Dennoch haben die Befürworter einer solchen Steuer noch weitere Argumente, die sie ins Feld führen. Diese wollen wir Ihnen nicht vorenthalten, aber auch kommentieren.

Rückzugsgefechte

Ein weiteres Argument für eine Bit-Steuer wird im Schutz geistigen Eigentums gesehen: Das Internet ermöglicht das Herunterladen und Vervielfältigen von Software, Büchern, Musikstücken und Videos und gefährdet damit die Eigentumsrechte der Schriftsteller, Musiker, Regisseure und Programmierer. Eine Steuer auf die Nutzung des Internet könnte dann - ähnlich zu bereits existierenden Abgaben auf Fotokopierer - den geistigen Eigentümern der auf diese Weise vervielfältigten Werke ein Einkommen aus ihren Werken sichern. Sind Sie mit dieser Argumentation einverstanden? Wir nicht.

Jetzt stehen wir natürlich in Erklärungszwang. Zum ersten halten wir die Analogie zu den Fotokopierern für falsch. Der Verfasser eines Buches kann sich nicht dagegen wehren, daß dieses von einem Käufer kopiert wird. Aber er muß dieses Buch nicht ins Internet stellen, und selbst wenn er dies tut, kann er dafür sorgen, daß nur Personen, welche eine Gebühr gezahlt haben, Zugriff auf sein Werk haben. Wenn jemand gegen den Willen des Verfassers dessen Werke ins Netz stellt mit der Absicht, diese allen Benutzern frei zur Verfügung zu stellen, so stellt dies illegales Verhalten dar und kann strafrechtlich verfolgt werden. (Über die sich daraus ergebenden Probleme werden wir an anderer Stelle noch reden.) Wenn man seine Werke in digitaler Form zur Verfügung stellt, so hat man das Problem, daß diese nun leicht zu vervielfältigen sind, was deren (unerlaubte) Weitergabe natürlich begünstigt. Dies ist aber kein spezifisches Problem des Internet, sondern ein grundsätzliches Problem bei digitalen Gütern. Aber auch hier haben zum Beispiel im Bereich der Software findige Programmierer Wege gefunden, dieses Problem zu reduzieren, indem ein Kopierschutz oder eine persönliche Registrierung des Softwarenutzers erfolgt. Der Mut, Software illegal zu kopieren und weiterzugeben sinkt sicherlich, wenn in der Raubkopie ein Name auftaucht und die Softwarefirma sogar schriftlich vorliegen hat, wer der Besitzer des Programmes ist, welches Programm mit welcher Seriennummer zu welcher Person gehört und wo, d.h. auf welchem Rechner dieses Programm installiert ist (natürlich hat die Firma auch die Privatadresse des Kunden, wie unangenehm). Und wenn wir uns der Kryptographie zuwenden, so werden Sie sehen, daß es noch weitere Möglichkeiten gibt, digitale Güter vor unerlaubter Vervielfältigung zu schützen.

Doch nicht nur, daß man die Weitergabe digitaler Güter unterbinden kann und dies eigentlich kein Problem ist, das durch das Internet entsteht, die Befürworter der Bit-Steuer verkennen darüber hinaus auch, daß viele der Inhalte, welche Sie im Internet finden, mit Absicht unentgeltlich ins Netz gestellt worden sind, um auf diese Weise für Ihre schnelle Verbreitung zu sorgen. (Wir haben ja beispielsweise gesehen, daß Softwarefirmen teilweise sogar ihre Software verschenken.) Für solche Inhalte braucht man keinen Schutz der geistigen Eigentumsrechte. Das Beispiel der Shareware, d.h. von Software, die kostenlos an Benutzer abgegeben wird, im Vertrauen darauf, daß die Nutzer, wenn Sie dieses Programm auch tatsächlich einsetzen, dann freiwillig bezahlen werden, zeigt, daß der Schutz der Eigentumsrechte auch privat geregelt werden kann. (Sie werden es nicht glauben, aber das funktioniert, die Leute zahlen tatsächlich freiwillig, was natürlich auch mit daran liegt, daß Sie, wenn Sie als Käufer registriert sind, bestimmte attraktive Zusatzleistungen erhalten)

Also auch der Schutz der geistigen Eigentumsrechte erscheint uns kein Argument für eine Bit-Steuer. Kann vielleicht das letzte Argument ihrer Befürworter überzeugen? Ein weiteres Argument besteht nämlich in der Vermutung, daß mit steigender Nutzung des Internet zunehmend die Mitarbeiter in den Betrieben von ihrer Arbeit dadurch abgehalten werden, daß sie im Internet umherstreifen, Spiele herunterladen und ihre Zeit mit dem Internet vertrödeln, anstatt zu arbeiten. Eine Bit-Steuer, so die Überlegung, würde sie davon abhalten. Entscheiden Sie selbst: Würde Sie das davon abhalten? Jetzt werden Sie sicherlich darauf antworten, daß das davon abhängt, ob Sie diese Steuer selbst tragen müssen und ob Ihr Arbeitgeber Sie kontrolliert oder nicht. Und weiter: Kennen Sie noch andere Möglichkeiten, Ihren Arbeitsalltag zu Lasten Ihres Arbeitgebers zu vertrödeln?[4] Diese müßte man dann auch besteuern, oder? Und ein letztes: Warum sollte der Staat sich darum kümmern, daß die Arbeitnehmer nicht trödeln? Das liegt doch sicherlich im Eigeninteresse der Arbeitgeber. Die Erfahrungen, die Unternehmen mit dem Aufkommen des Telefons gemacht haben, das die Arbeitgeber vor ähnliche Probleme gestellt hat, zeigen, daß diese durchaus willens und in der Lage sind, ihre Angestellten auch ohne staatliche Hilfe zu motivieren. Soweit zur Bit-Steuer. Zeit für ein kurzes Resümee.

Jetzt wird abgerechnet

Jetzt haben Sie in diesem Kapitel eine Menge gehört über Besteuerung und Besteuerungsprinzipien, und sicherlich schwirrt Ihnen jetzt der Kopf. Also lassen Sie uns kurz die wichtigsten Punkte zusammenfassen: Ein Verschwinden der Steuerbasis und ein Verlust der Steuergelder wird es mit dem Aufkommen des Internet nicht geben. Auch der elektronische Handel über das Netz ist eine Form der wirtschaftlichen Aktivität, die sich grundsätzlich nicht der Besteuerung entziehen kann. Solange Sie Einnahmen und Ausgaben haben, werden Sie dem Fiskus nicht entgehen. Tut uns leid, daß wir für Sie als Privatperson keine bessere Nachricht haben, aber den Finanzminister wird es freuen. Das Problem beim Aufkommen des Internet besteht darin, daß es zu zeitlichen und räumlichen Verlagerungen der Steuerzahlungen kommen kann, welche für den Fiskus unangenehm werden können. Weiterhin vermuten wir, daß es mit einer Zunahme des elektronischen Handels für die souveränen Nationalstaaten unumgänglich werden könnte, grundlegende Prinzipien bei der zwischenstaatlichen Besteuerung aufzugeben und sich neuen Verfahren zuzuwenden. So etwas ist auf politischer Ebene meistens mit Schmerzen verbunden. Weiterhin kann man natürlich vermuten, daß sich die Möglichkeiten zur Steuerhinterziehung durch das Internet - grob gesagt - nicht gerade verringern werden. Hier werden sich sicherlich neue Arbeitsfelder für Steuerfahnder ergeben. Dennoch, vergessen Sie bei der Diskussion um die Besteuerung im Internet nie: Es gibt nur zwei Dinge im Leben, denen Sie nicht entgehen können. Dem Tod und der Steuer.

Anmerkungen

1 Bei dieser Argumentation gilt es allerdings, Vorsicht zu bewahren, da dieses Argument nur richtig ist, wenn Sie unterstellen, daß die Exportüberschüsse eines Landes in alle Ewigkeit anhalten. Sobald sich die Exportüberschüsse in ein Handelsbilanzdefizit verwandeln, kommen die Verbrauchsteuern mit den Importen zurück.

2 Eine umfassende Begründung für eine Bit-Steuer findet sich unseres Wissens nach bisher nur im Internet (warum hat das keine Zeitschrift bisher gedruckt?) und stammt von Soete, L. und Kamp, K., The BIT TAX: The case for further research, unter der Adresse http://www.ispo.cec.be/hleg/bittax.html. Da wir nicht wissen, wie lange diese Adresse noch aktuell sein wird, können wir nur auf einen Artikel aus eigener Feder verweisen, der in gedruckter Form vorliegt, aber die wesentlichen Argumente Soetes wiedergibt: Beck, H. und Prinz, A., Should all the world be taxed? in: Intereconomics, No. 2, Vol. 32, March/April 1997, pp. 87 - 92.

3 Den mit der deutschen Umsatzsteuer geschulten Lesern mag sich jetzt das Nackenhaar sträuben, da sich die Zahlung der Mehrwertsteuer im bereits angesprochenen Vorsteuerabzugsverfahren etwas differenzierter gestaltet als im Text dargestellt. Für die hier vorgestellte Argumentation ist allerdings lediglich entscheidend, daß eine Steuer auf die Wertschöpfung entrichtet wird. Man möge uns im Interesse der Verständlichkeit des Textes diese Vereinfachung nachsehen.

4 Einer der beiden Verfasser möchte hier mit Nachdruck betonen, daß solche Dinge wissenschaftlichen Mitarbeitern völlig unbekannt sind.

6. Elektronisches Geld und Internet-Zahlungssysteme

Wir zahlen bar: Elektronische Zahlungsverfahren und Zahlungsmittel

Eine wichtige Voraussetzung für den weiteren Ausbau des elektronischen Handels im Internet ist die Verfügbarkeit von Zahlungsmitteln und Zahlungssystemen. Ansonsten bleibt es sehr schwierig, beispielsweise eine Hose im Internet zu kaufen: Während die Auswahl und Bestellung vollständig elektronisch bewältigt werden können, müßte man zur Bezahlung zur Bank gehen und eine Überweisung anfertigen – keine attraktive Idee und v.a. teuer! Wenn der Vorteil des Internet gerade darin besteht, Transaktionskosten einzusparen, gehört einfach dazu, daß man die gekauften Güter und Dienste auch per Internet bezahlen kann.

Mittlerweile können Sie einen ständig steigenden Umsatz von Internet-Shops beobachten. Eine der größten Erfolgsstories bietet die Online-Buchhandlung *Amazon.com*. Sie ist wohl die größte Buchhandlung weltweit und agiert ausschließlich im Netz. Dennoch gibt es viele Leute, die diese Möglichkeit nicht nutzen, und zwar nur aus einem Grund: Sie möchten nicht ihre Kreditkartennummer per Computer an Amazon.com verschicken. Offensichtlich besteht ein gewisses Spannungsverhältnis zwischen *Bequemlichkeit* und *Sicherheit*. Es ist sehr bequem, vom Sofa aus Einkäufe zu tätigen und sich liefern zu lassen, aber bei der Bezahlung treten Sicherheitsprobleme auf, da man nicht wissen kann, was bei der Übermittlung von Kreditkartennummer alles schiefgehen kann. Und Sie kennen ja die Unerbittlichkeit von *Murphys Law*:

Was schiefgehen kann, geht auch schief! (Es gibt einige Leute, die behaupten, Murphy sei ein Optimist!)

In der Ökonomie wird zwischen Zahlungs*verfahren* und Zahlungs*mitteln* unterschieden. Bei ersterem geht es darum, auf welche Art und Weise gezahlt wird: mit Geld, Schecks, Kreditkarte etc., bei letzterem darum, in welcher Währung die Zahlung vorgenommen wird: DM, Dollar etc. Zahlungsverfahren und Zahlungsmittel müssen bestimmte Kriterien erfüllen, um als sinnvolle Verfahren und Mittel für die Nutzung im Internet zu taugen. Insbesondere bei den Zahlungsverfahren müssen für ihre Nutzbarkeit im Internet bestimmte Kriterien im Vergleich zu den herkömmlichen Verfahren erfüllt werden:[1]

1. An erster Stelle steht die *Transfersicherheit*. Es muß sichergestellt werden, daß Ihre Zahlungen vertraulich sind, d.h. daß sie nur solchen Personen bekannt sind oder werden, die Sie dafür autorisieren. Weiterhin darf der Transfer von Geld nicht manipulierbar sein, sonst zahlen Sie möglicherweise eine ganz andere Summe als Sie schuldig sind (Integrität der Zahlung). Weiterhin ist erforderlich, daß Käufer und Verkäufer eindeutig identifizierbar sind – sonst wissen Sie womöglich nicht, bei wem Sie sich über eine fehlerhafte Ware beschweren können bzw. der Verkäufer weiß nicht, wer seinen Einkauf schon bezahlt hat und wer nicht (Authentizität der Zahlung). Schließlich möchten Sie sicher gehen, daß mit der Zahlung Ihre Verbindlichkeit tatsächlich beglichen ist, d.h. die Zahlung muß nachvollziehbar und nicht bestreitbar sein. Last but not least muß der Zahlungsvorgang vor technischen Fehlern geschützt werden.
2. Ist die Transfersicherheit gewährleistet, sollte das Zahlungsverfahren auch *benutzerfreundlich* sein. Am besten ist dieses Kriterium erfüllt, wenn der Zahlungsvorgang per Mausklick erledigt werden kann.
3. Weiterhin sollte das Zahlungsverfahren ohne hohe *Kosten* installiert werden können und die Abwicklung der Zahlungen sehr kostengünstig sein.

4. Das Zahlungsverfahren sollte prinzipiell von einer unbegrenzten Anzahl von Personen genutzt werden können (*Skalierbarkeit*).
5. Und zu guter Letzt: Das Zahlungsverfahren sollte unabhängig von der benutzten Hardware und Systemsoftware sein und zudem auch offline genutzt werden können.

Wie Sie sehen, sind die Anforderungen für ein brauchbares Zahlungsverfahren im Internet wesentlich höher als für solche Verfahren im allgemeinen. Das liegt natürlich an den Besonderheiten des Netzes. Dieses ermöglicht es nämlich, weitgehend anonym zu bleiben. Die Undurchschaubarkeit der elektronischen Transaktionen macht es für Kriminelle relativ leicht, in sensible Datenströme einzugreifen und die dabei gewonnenen Erkenntnisse profitabel zu nutzen. Mittlerweile dürfte es wesentlich risikoärmer sein, einen Bankraub online statt offline zu begehen. Mitunter fällt ein solcher Bankraub erst sehr viel später überhaupt auf. Herrliche Zeiten für Bankräuber![2] Dies macht deutlich, daß es in erster Linie das Kriterium der Transfersicherheit ist, das schwierig zu erfüllen ist.

Die Zahlungsverfahren, die schon im Internet genutzt werden, sind im wesentlichen die schon offline erfolgreich genutzten Verfahren, die für die Verwendung im Internet modifiziert wurden. Daher spielen bisher Kreditkarten die größte Rolle. Dabei kommt dem Provider der Kreditkarte die Position des Zwischenhändlers zu: er muß prüfen, ob die Angaben des Käufers richtig sind, sowie sich von Käufer und Verkäufer bestätigen lassen, daß die Transaktionen in der vorliegenden Form korrekt sind. Erst danach wird die Transaktion (der Zahlungsvorgang) durchgeführt. Sie sehen, daß dem Kreditkarten-Provider bei Transaktionen über das Internet eine noch wichtigere Rolle zukommt als bei Offline-Transaktionen. Das Problem dabei ist der Datenaustausch zwischen Käufer, Verkäufer und Provider. Es muß jeweils sichergestellt werden, daß die jeweiligen Personen authentisch sind und der Inhalt der versendeten Nachrichten nicht manipuliert worden ist.

Des weiteren werden Debit- und Kreditsysteme als Zahlungsverfahren im Internet verwendet. Der Unterschied zu Kreditkarten ist eher graduell. Debit- und Kreditsysteme funktionieren in etwa wie ein Girokonto mit EC-Karte. Bei einem Debitsystem muß das Girokonto vor dem Einkaufen mit Geld gefüllt sein, während bei einem Kreditsystem erst nach dem Kauf das Konto ausgeglichen werden muß. Ansonsten erfolgt die Abwicklung einer Transaktion genauso wie bei Kreditkarten. Auch die Risiken sind die gleichen.

Weiterhin werden im Online-Verkehr elektronische Schecks verwendet. Sie entsprechen weitgehend herkömmlichen Papierschecks. Der Käufer füllt ein digitales Formular aus und von ihm an den Provider des Schecksystems weitergeleitet. Dieser sorgt dann dafür, daß die entsprechenden Zahlungsvorgänge zwischen der Bank des Käufers und der des Verkäufers abgewickelt werden. Der Geldtransfer verläuft dann außerhalb des Internet zwischen den Banken.

Sie sehen also: das entscheidende Problem ist die Transfersicherheit mit ihren o.g. Einzelaspekten. Einen wichtigen Schritt in Richtung Transfersicherheit hat die Bundesregierung bereits getan. Deutschland hat als erstes Land der Welt ein Signaturgesetz erlassen, das den Rahmen für Bedingungen schafft, den elektronischen Geschäfts- und Zahlungsverkehr sicher zu machen. Entscheidend dabei ist die sog. *digitale Signatur*. Sie stellt sicher, daß unveränderte Dokumente elektronisch verschickt werden können und die beteiligten Personen mit denen identisch sind, die zu sein sie behaupten.

Wenden wir uns den Zahlungs*mitteln* zu. Eines der beliebtesten Zahlungsmittel ist die DM, die ab 1999 schrittweise durch den Euro ersetzt wird. Solche real existierenden Zahlungsmittel können natürlich auch im Internet verwendet werden als Währungseinheit, auf die z.B. ein Scheck ausgestellt oder eine Kreditkarte belastet wird. Das hat allerdings einen Nachteil: Wenn Waren oder Dienstleistungen im Ausland geordert werden, muß meist in einer ausländischen Währung gezahlt werden. Das wiederum bedeutet, daß man sich mit den aktuellen Wechselkursen beschäftigen muß, um zu wissen, wieviel man in nationaler Währung tatsächlich bezahlen muß. Das ist äußerst lästig und zudem teuer, da die Banken entsprechende Wechselgebühren verlangen. Daher liegt es nahe, eine einheitliche Währung für das Internet zu schaffen.

Ein solches elektronisches Zahlungsmittel muß – in Anlehnung an real existierende Zahlungsmittel – einige Anforderungen erfüllen:[3]

1. Das Zahlungsmittel muß allgemein bei Käufern und Verkäufern für beliebige Zahlungsbeträge akzeptiert werden (*Tauschmittelfunktion*).
2. Der Empfänger des Zahlungsmittels muß es in real existierende, nationale Zahlungsmittel umtauschen können (*Konvertibilität in nationale Währungen).*
3. Das Zahlungsmittel muß vor *Mißbrauch, Diebstahl, Verlust, Fälschung und Wertverlust* geschützt werden, wobei die Sicherheitsstandards von nationalen Währungen als Mindestnorm herangezogen werden können.
4. Wie bei nationalem Geld muß es möglich sein, elektronische Zahlungsmittel auch ohne Vermittler zwischen Haushalten, Unternehmen u.s.w. direkt transferieren zu können.
5. Zudem sollte es möglich sein, das elektronische Zahlungsmittel auch offline benutzen zu können, z.B. mittels einer aufladbaren Geldkarte oder einer elektronischen Geldbörse.
6. Zu guter Letzt wird auch noch gefordert, daß es nicht möglich sein soll, anhand des Zahlungsmittels feststellen zu können, wer der vorhergehende Besitzer des Zahlungsmittels war. (Allerdings ist diese Anforderung nicht unumstritten.)

Zahlungsvorgänge mit *Digital Cash* (so nennt man dieses Geld) können folgendermaßen ablaufen: Zunächst benötigen Käufer und Verkäufer ein Konto bei einer Digital Cash Bank, die diese Währung selbst in Umlauf bringt oder akzeptiert. Der Käufer muß zunächst Geld in einer nationalen Währung auf dieses Konto einzahlen und erhält dafür Digital Cash Units. Die Bank schafft dann zunächst dieses Geld, das dann entweder auf dem Konto des Käufers verbucht oder auf seinem Computer auf der Festplatte gespeichert wird. Der Käufer transferiert bei einem Kauf die entsprechende Anzahl von Digital Cash Units an den Verkäufer - der allerdings diese Währung akzeptieren muß! Akzeptiert der Verkäufer diese Währung nicht, kann der Käufer auch nicht mit dieser Kunstwährung bezahlen. In dieser Hinsicht besteht ein großer Unterschied zwischen nationalen Währungen und einer elektronischen Kunstwährung: Nationale Währungen sind *gesetzliche Zahlungsmittel*, d.h. innerhalb eines Landes *muß* man Zahlungen in der Landeswährung akzeptieren, ob man will oder nicht. Akzeptiert der Verkäufer die Kunstwährung, läßt er die Währungseinheiten, die an ihn übertragen werden, durch den Emittenten auf Echtheit prüfen und bei positivem Urteil sich gutschreiben.

Das faszinierende an dieser Kunstwährung ist, daß sie in allen Ländern als Zahlungsmittel akzeptiert werden kann, wenn sie die o.g. Anforderungen erfüllt. Dadurch könnten enorme Geldumtauschkosten gespart werden. Dies würde den grenzüberschreitenden Handel sehr stark stimulieren und vereinfachen. Übrigens: Genau dies war das entscheidende Argument für die Einführung einer einheitlichen Währung in Europa. Und warum sollte weltweit eine solche Idee nicht funktionieren, wenn sie in Europa funktioniert?

Es gibt mittlerweile eine große Anzahl von elektronischen Zahlungsverfahren für das Internet. Demgegenüber gibt es nur sehr wenige elektronische Zahlungsmittel. Das ist recht einfach zu erklären. Es ist für eine Bank beispielsweise sehr einfach und sehr kostengünstig möglich, neben normalen unbaren Zahlungssystemen deren Verwendung im Internet zu unterstützen. Alle Beteiligten wissen, wie diese Zahlungssysteme funktionieren und diese Systeme sind im Alltag weit verbreitet. Daher fällt der gefürchtete Netzwerkeffekt (schon wieder der!) weg, weil die Zahl der Nutzer der unterschiedlichen Systeme groß ist und die Systeme daher akzeptiert sind.

Für Internet-Geld (Digital Cash) ist das vollkommen anders. Niemand weiß, wie wertbeständig und gebrauchssicher diese Währung sein wird. Aber was viel schwerer wiegt: der Netzwerkeffekt!!! Warum soll ich eine exotische Währung verwenden, von der ich weiß, daß kaum jemand anderes sie akzeptiert? Das ist strukturell genau der gleiche Effekt wie bei der Einführung des Telefons: Was soll ich mit einem Telefon, wenn ich damit keinen meiner Bekannten oder Freunde anrufen kann? Bisher hat keine der existierenden Netzwährungen es geschafft, eine kritische Masse von Benutzern zu aktivieren, so daß man mit diesem Geld tatsächlich weltweit bezahlen könnte. Die Aussichten für solche Kunstwährungen sind momentan und für die nähere Zukunft eher gering einzuschätzen. Obwohl die Idee irgendwie faszinierend ist!

Ein Problem des Einkaufens im Internet soll noch angesprochen werden: *Micropayments*. Dabei handelt es sich um Zahlungen in der Größenordnung von Pfennigbeträgen bis zu wenigen DM. Sie werden dadurch zum Problem, daß eine Zahlung mit den o.g. Verfahren für diese Zwecke einfach zu teuer ist. Die anfallenden Bankspesen würden die Zahlungsbeträge teilweise um ein Mehrfaches übersteigen. Bei Zahlungen größerer Beträge (*Macropayments*) sind diese Spesen von untergeordneter Bedeutung.

Eine (zumindest vorübergehende) Lösung bieten händlerspezifische Guthaben. Der potentielle Kunde unterhält dabei Guthabenkonten bei spezifischen Händlern, von dem bei jedem Kauf die entsprechende Summe abgebucht wird. Dies funktioniert im Prinzip wie eine Telefonkarte, mit dem Unterschied, daß keine Karte existiert. Kritisch ist dabei, daß sich dieses System nur für Stammkunden lohnt. Beim Internet-Shopping besteht aber der Reiz z.T. gerade darin, beliebig den Anbieter wechseln zu können. Daher ist eine naheliegende Weiterentwicklung, daß eine Art Broker (Vermittler) zwischen Käufer und Verkäufer zwischengeschaltet wird, der das Guthabenkonto führt, über das die Zahlungen erfolgen. Dabei werden händlerspezifische digitale Gutscheine verwendet, die der Käufer erwirbt und mit denen er den Verkäufer bezahlt (MilliCent).

Das bisher am weitesten verbreitete elektronische Zahlungsverfahren ist die EC-Geldkarte, von der rund 40 Millionen Stück im Umlauf sind. Mit ihr können Beträge zwischen zehn Pfennigen und 400 DM bezahlt werden. Alle neu ausgegebenen EC-Karten sind als solche SmartCards ausgerüstet. Die Karte kann deshalb als *smart* bezeichnet werden, weil sie einen wiederaufladbaren Chip enthält, so daß die Aufladung an jedem Geldautomaten erfolgen kann. In absehbarer Zukunft besteht die Chance, daß das Aufladen auch am eigenen Computer zuhause möglich ist, und zwar über ein Kartenlesegerät. Dieses Lesegerät wäre sogar in die Tastatur einbaubar. Allerdings kann nicht jeder Zahlungen per Geldkarte entgegennehmen. Dazu ist eine spezielle Händlerkarte mit einem Terminal erforderlich. Zahlungen zwischen privaten Wirtschaftssubjekten sind nicht möglich. Die Transaktionsgebühr beträgt zwei Pfennig pro Buchung. Wie gezeigt, eignet sich die Geldkarte auch für die Bezahlung im Internet, wenn ein entsprechendes Lesegerät vorhanden ist.[4] Momentan sieht es danach aus, daß die Geldkarte das Rennen um das geeignete Zahlungsverfahren im Internet gewinnen könnte.

Was hat die Bundesbank gegen elektronisches Geld?

Nachdem der Schleier des Unverständlichen, der elektronische Zahlungssystemen umgibt, gelüftet wurde, wird es jetzt wieder etwas abstrakter. Um die gesamtwirtschaftlichen Auswirkungen neuer Zahlungssysteme und –mittel abschätzen zu können, müssen wir etwas über Geld und Geldpolitik lernen.

Sie können jeden Ökonomen zur Verzweiflung treiben, wenn Sie von ihm eine präzise Definition von Geld verlangen. Daher wollen wir uns damit auch nicht lange aufhalten und gleich zu einer pragmatischen Sichtweise übergehen. Zunächst betrachten wir das Geld, das wir alle kennen und auch als solches bezeichnen: Banknoten und Münzen. Diese Form des Geldes ist physisch in Form von Scheinen und Metallstücken präsent und beult unsere Taschen aus. Aber dieses Geld ist nur die Spitze eines Eisberges. Denn auch jetzt schon existiert der größte Teil dessen, was wir

Geld nennen, nur virtuell – und das verwirrt viele Leute. Als Geld wird nämlich auch das bezeichnet, was als bloße Guthabenzahl auf unseren Girokonten ausgewiesen wird. Dieses Geld – auch Giral- oder Buchgeld genannt – ist nicht in Form von Geldscheinen oder Münzen vorhanden, sondern existiert nur als Zahl im Computer der Bank. Dasselbe gilt auch für Sparguthaben mit dreimonatiger Kündigungsfrist und Termineinlagen bis unter vier Jahre. Auch das wird in Deutschland als 'Geld' bezeichnet und bis Ende 1998 entsprechend erfaßt. Der Bargeldumlauf, die Sichtguthaben zusammen mit den Sparguthaben mit gesetzlicher Kündigungsfrist und den Termineinlagen mit einer Laufzeit bis unter vier Jahre bildeten das Geldmengenaggregat, dem in Deutschland große Bedeutung zukam, da es die Werte erfaßte, die als 'Geld', oder genauer: die Geldmenge M 3, bezeichnet wurden.

Wie schon gesagt, der Wert aller im Umlauf befindlichen Banknoten und Münzen betrug mit rund 270 Mrd. DM gerade einmal 13 Prozent der Geldmenge M 3; mit anderen Worten, rund 87 Prozent unseres Geldes besteht aus irgendwelchen Zahlen in Computersystemen der Banken. Schockiert Sie das? Macht nichts, gewöhnen Sie sich schon mal daran, denn die Banknoten und Münzen werden vermutlich über kurz oder lang vollständig verschwinden.

Wo steckt aber das Problem? Ob Geld physisch ertastbar vorhanden oder nur virtuell darstellbar ist, kann Ihnen schließlich egal sein, solange Sie genug davon haben. Sicher richtig. Aber dennoch ergibt sich ein Problem. Es entsteht dadurch, daß durchaus 'zu viel' oder auch 'zu wenig' Geld da sein kann, mit ernstzunehmenden gesamtwirtschaftlichen Folgen. Machen wir doch zunächst ein Gedankenexperiment: Stellen Sie sich vor, daß die Deutsche Bundesbank – quasi als eine Art Abschiedsgeschenk vor der Europäischen Währungsunion – das Volumen der umlaufenden Banknoten erhöht hätte, so daß statt 270 Mrd. DM nun 540 Mrd. DM umlaufen. Was wäre wohl passiert?

Kurzfristig könnte es dazu kommen, daß die Arbeitslosigkeit auf ein recht niedriges Niveau sinkt und die Unternehmen produzieren, was das Zeug hergibt. Das liegt daran, daß der Geldmarktzinssatz sofort in den Keller fallen würde und die Banken in Liquidität schwimmen würden. Dadurch würde ihr Potential zur Kreditvergabe enorm gesteigert. Die Banken würden diesen Spielraum auch ausnutzen, da sie auf diese Weise höhere Erträge erwirtschaften können. Da aus Sicht der Unternehmen die Absatzchancen sich verbessert haben und auch die Zinsen an den Kapital- und Kreditmärkten gesunken sind, werden sie hohe Investitionen tätigen. Durch die bessere Kapazitätsauslastung und die gesteigerte Investitionsnachfrage kommt es zu einem Beschäftigungszuwachs, der das Ausmaß der Arbeitslosigkeit reduzieren wird.

Nur: Von langer Dauer wird diese schöne Zeit leider nicht sein. Es wird sich nämlich recht schnell herausstellen, daß die Unternehmen diese Mehrproduktion nicht lange durchhalten werden. Der Grund: die Kosten ihrer Inputfaktoren (Arbeitskräfte, Materialien etc.) werden stark ansteigen, weil die Nachfrage der Unternehmen danach das Angebot bei gegebenen Inputpreisen bei weitem übersteigt. Zum Ausgleich von Angebot und Nachfrage auf den Faktormärkten müssen die Inputpreise steigen. Die Unternehmen wiederum werden sich sehr schnell gezwungen sehen, diese Kostensteigerungen auf ihre Absatzpreise zu überwälzen. Dieser Prozeß wird solange weiter gehen, bis letzten Endes alle Preise sich in etwa verdoppelt haben! Das schöne Abschiedsgeschenk der Bundesbank hätte sich damit buchstäblich in Nichts aufgelöst – wir sind genau so reich bzw. arm wie zuvor. Das ganze funktioniert auch in umgekehrter Richtung (bei einer abrupten Senkung der im Umlauf befindlichen Bargeldmenge), kann aber noch gefährlichere Wirkungen haben.

Warum erzählen wir Ihnen das alles? Nun, der gerade eben geschilderte Prozeß der Aufblähung der Geldmenge kann auch aus anderen Gründen geschehen als durch die Erhöhung der Zahl der im Umlauf befindlichen Geldscheine. Das hängt damit zusammen, daß die Geschäftsbanken eine aktive Rolle bei der Geldschöpfung (so nennen die Ökonomen die Erschaffung neuen Geldes) spielen. Zwar können und dürfen die Banken keine Geldscheine herstellen, aber sie können Kredite vergeben. Dadurch entsteht das o.g. Giral- oder Buchgeld. Um die Kredite vergeben zu können, brauchen die Banken entweder Einlagen der Bevölkerung (die Bank arbeitet dann mit dem Geld) oder sie müssen sich Geldscheine von der Bundesbank (ebenfalls als Kredit) besorgen. Haben sie erst einmal diese Mittel, können sie daraus ein Vielfaches an Kreditvolumen (und damit Geld) schaffen. Diese Geldschöpfung ist nur dadurch begrenzt, daß ein Teil des Geldes von der Bevölkerung als Bargeld gehalten wird, um die Alltagskäufe tätigen und direkt bezahlen zu können. (Darüber hinaus müssen die Banken einen Teil der Einlagen ihrer Kunden bei der Zentralbank als Reserve zinslos hinterlegen.)

Ändern sich die Zahlungsgewohnheiten - z.B. dadurch, daß plötzlich alle Leute mit einer Geldkarte ihre Einkäufe bezahlen -, dann erhöht sich das Kreditvergabepotential der Banken auf einen Schlag um ein Vielfaches. Dann kann genau das eintreten, was zuvor schon geschildert wurde: Es kann zu einer Aufblähung der Geldmenge M 3 kommen, mit der Folge, daß die Inflationsrate mehr oder weniger stark zunimmt.

Ein weiteres Problem entsteht dadurch für die Geldpolitik. Zum geldpolitischen Konzept der Europäischen Zentralbank, mit dem diese Geldwertstabilität erreichen will, gehört auch ein Geldmengenziel, das anhand der (etwas anders definierten) Geldmenge M 3 festgelegt wird. Damit das auch funktioniert, muß die Zentralbank einen wesentlichen und vorhersagbaren Einfluß auf dieses Geldmengenaggregat haben. Dieser Einfluß verläuft dergestalt, daß die Zentralbank das Volumen der im Umlauf befindlichen Banknoten steuert. (Technisch tut sie das in der Art und Weise, daß sie den Zinssatz am Geldmarkt – dort handeln die Banken untereinander und mit der Bundesbank Geld – steuert.) Dies funktioniert aber nur dann, wenn auch das Verhalten der Banken und die Geldhaltung der übrigen Wirtschaftssubjekte stabil sind. Wächst die Bedeutung von elektronischen Zahlungsverfahren und Zahlungsmitteln weiter an, ist diese Bedingung möglicherweise nicht mehr erfüllt. Die Geldpolitik könnte dadurch in Schwierigkeiten geraten.

Vom Elend digitaler Geldpolitik

Dieser Punkt ist eine genauere Analyse wert. Geldpolitik ist etwas so Abstraktes, daß sich nicht sehr viele Menschen etwas darunter vorstellen können. Dem müssen wir abhelfen. Also dann: Am Anfang der Geldpolitik steht das staatliche Monopol, als alleinige Instanz legal gültige Geldscheine drucken zu dürfen. Das hat zwei Gründe. Der erste ist, daß der Staat sich auf diesem Weg zusätzliche Einnahmen besorgen kann, nämlich über den Gewinn aus der Geldschöpfung. Der Staat verschenkt nämlich die gedruckten Geldscheine nicht und verkauft sie auch nicht zu Herstellungskosten, sondern zu einem weit höheren Preis. Die Banken müssen nämlich Zinsen für die praktisch vom Staat geliehenen Geldscheine zahlen, und darüber freut sich der Finanzminister, da diese Einnahmen die Kosten des Gelddruckens und der Zentralbankverwaltung um ein vielfaches übersteigen. Der zweite Grund für das staatliche Geldausgabemonopol besteht darin, daß das Drukken von zu vielen Geldscheinen die Inflation mächtig anheizt. Da der Staat privaten Unternehmen – und daher auch den Banken – grundsätzlich mißtraut, glaubt er, daß nur ein staatliches Geldausgabemonopol größere Inflationen verhindern kann.

Unter uns gesagt: Ob das wirklich zutrifft, ist sehr umstritten. Merkwürdigerweise fanden alle Hyperinflationen, die es je gab, im zwanzigsten Jahrhundert statt – trotz oder vielleicht sogar wegen des staatlichen Geldausgabemonopols. Eine Hyperinflation liegt dann vor, wenn die jährliche Preissteigerungsrate über 13.000 Prozent liegt. Sie haben sich nicht verlesen, so hohe Inflationsraten gibt es tatsächlich. Das hat Spötter dazu gebracht zu definieren, daß eine Hyperinflation dann vorliegt, wenn bei einem Überfall auf einen Geldtransporter die Reifen gestohlen werden, aber nicht das Geld. Zurück zum Staat: Der Hauptgrund dafür, daß alle Hyperinflationen ins zwanzigste Jahrhundert fallen, sind die niedrigen Kosten, zu denen Geldscheine hergestellt werden können. Da der Staat von der Herstellung profitiert, darf man sich nicht wundern, daß daraus leicht hohe Inflationsraten entstanden. Immer, wenn eine Besteuerung in der notwendigen Höhe zur Finanzierung der Staatsausgaben nicht mehr durchsetzbar war, hat man sich der Notenpresse bedient und damit die nationale Währung ruiniert. Deutschland ist dabei durchaus rekordverdächtig, schließlich hat es in diesem Jahrhundert schon zwei Währungsreformen erlebt.

Um diese Gefahr abzuwenden und gleichzeitig über Instrumente der Geldpolitik verfügen zu können, hat man in Deutschland bereits 1957 sozusagen einen Trick angewendet: Der Staat hat die Bundesbank von seinen eigenen Weisungen unabhängig gemacht bei der Durchführung der Geldversorgung der Wirtschaft und bei der Geldpolitik. Zudem wurde die Bundesbank im Bundesbankgesetz dazu verpflichtet, als einziges wirtschaftspolitisches Ziel die Geldwertstabilität zu verfolgen. Die Wirkung war überwältigend. Kaum ein Land kann in den vergangenen vierzig Jahren eine insgesamt niedrigere Inflationsrate aufweisen als Deutschland. Was wir tun, das machen wir gründlich.

Wozu braucht man denn eigentlich Geldpolitik? Man könnte doch meinen, daß es ausreichen würde, die Wirtschaft mit Geld zu versorgen – und damit wäre das Problem gelöst. Ganz so einfach ist es wiederum nicht. Das hängt damit zusammen, daß Geld einen Einfluß auf reale wirtschaftliche Aktivitäten haben kann. Dies ist dann der Fall, wenn eine Rezession vorliegt, d.h. die Wirtschaft in einem Konjunkturtal liegt. Ist dies der Fall, so sind die volkswirtschaftlich insgesamt vorhandenen Produktionskapazitäten nicht ausgelastet. Das hat zur Folge, daß das Bruttoinlandsprodukt (der Wert aller in einer Periode erzeugten Güter und Dienstleistungen) zurückgeht und konjunkturelle Arbeitslosigkeit entsteht. Kommt es in einer solchen Situation dazu, daß die Geldmenge M 3 ausgeweitet wird, so steigt die gesamtwirtschaftliche monetäre Nachfrage an. Dieser Impuls kann ausreichen, um die Wirtschaft aus ihrem konjunkturellen Tief herauszuziehen, d.h. das Bruttoinlandsprodukt steigt an und die konjunkturelle Arbeitslosigkeit sinkt. Das sind dann realwirtschaftliche Effekte der Geldpolitik.

Bevor Sie nun auf die Idee kommen, die Arbeitslosigkeit in der Bundesrepublik mit einer Ausdehnung der Geldmenge lösen zu wollen, muß noch einmal betont werden, daß nur *konjunkturell* verursachte Arbeitslosigkeit mit dieser Art der Geldpolitik bekämpft werden kann! Leider ist die in der Arbeitslosenquote gemessene Arbeitslosigkeit fast ausschließlich *struktureller* Natur (vergleichen Sie bitte dazu auch unsere Ausführungen im vierten Kapitel). Diese Arbeitslosigkeit entsteht aufgrund von Verschiebungen zwischen den Wirtschaftssektoren. Eine Volkswirtschaft ist nämlich ständig in Bewegung. Ständig fallen Arbeitsplätze an bestimmten Stellen weg, dafür entstehen welche an anderen Stellen. Das bedeutet aber, daß die Qualifikationen, die man für die neuen Jobs braucht, i.d.R. nicht die gleichen sind, die für die bisherigen Arbeitsplätze erforderlich waren. Zudem können die Arbeitsplätze in geographisch weit entfernten Orten entstehen. Arbeitslosigkeit, die aus Verschiebungen in der Wirtschaftsstruktur entsteht, kann mit der Geldpolitik nicht erfolgreich bekämpft werden.

Die Bundesbank verfolgte seit mehr als zwanzig Jahren eine bestimmte Art der Geldpolitik. Man nennt sie *potentialorientierte Geldmengensteuerung*. Wie Sie dem Begriff schon entnehmen können, spielt dabei die Geldmengen (M 3) eine wichtige Rolle. Dahinter steckt folgende Idee. Langfristig kann es nur dann zu Steigerungen der Inflationsrate kommen, wenn die Zentralbank es zuläßt, daß die Geldmenge so stark steigt, daß diesem Anstieg des Geldes nicht mehr genug reale Güter gegenüberstehen, die man mit diesem Geld kaufen kann. Bei einem übermäßigen Anstieg der Geldmenge steigen dann nur noch die Preise. (Vergleichen Sie dazu auch Box 1.)

Damit dieser Zusammenhang zwischen Geldmenge und Inflationsrate zustande kommt, muß das langfristige Wachstum der Produktionsmöglichkeiten unabhängig von der Geldmenge sein - das wird allgemein als richtig anerkannt. Zweitens muß die Geldhaltung der Wirtschaftssubjekte möglichst stabil sein, d.h. sie darf nicht völlig regellos schwanken. In Deutschland kann auch dieses Kriterium als erfüllt gelten. Da also die Geldmenge einen berechenbaren Einfluß auf die Inflationsrate hat und die Zentralbank die Geldmenge M 3 (in Grenzen) steuern kann, ist es möglich, Geldpolitik mittels Geldmengensteuerung zu betreiben.

Die Idee der Geldmengensteuerung

Um die Idee der Geldmengensteuerung besser verstehen zu können, braucht man einige allgemeine Überlegungen, die sich am einfachsten in der folgenden Formel ausdrücken lassen:

$$M \bullet v = Y \bullet p$$

Y bezeichnet das reale Sozialprodukt, d.h. den in einer Periode produzierten Güterberg, P stellt das Preisniveau dar. Die rechte Seite stellt damit die in Preisen ausgedrückte Produktion der Volkswirtschaft dar. Auf der linken Seite stellt M die im Umlauf befindliche Geldmenge dar. Der Buchstabe v bezeichnet die sogenannte Umlaufgeschwindigkeit: Da man jedes Geldstück mehrmals ausgeben kann, reicht zur Finanzierung der Produktion (rechte Seite der Gleichung) in Höhe von beispielsweise 100 DM eine Geldmenge von 25 DM aus, wenn jedes Geldstück viermal ausgegeben wird, der Wert von v beträgt dann 4.
Steigt nun die Geldmenge bei unveränderter Umlaufgeschwindigkeit an, so muß auch der Wert auf der rechten Seite entsprechend ansteigen. Dies kann dann nur durch einen Anstieg der realen Produktion Y oder aber, wenn dies nicht möglich ist, durch einen Anstieg der Preise geschehen. Also kann man durch entsprechende Steuerung der Geldmenge Einfluß auf die Preise nehmen, solange die Umlaufgeschwindigkeit, in der sich auch die Geldnachfragegewohnheiten der Bevölkerung niederschlagen, und das Sozialprodukt einigermaßen stabil sind.

Box 1: Die Idee der Geldmengensteuerung

Ein weiterer Aspekt muß noch berücksichtigt werden, der sogar die Einsetzbarkeit der Geldpolitik für konjunkturelle Zwecke in Frage stellt. Der Zusammenhang zwischen dem finanziellen Sektor einer Volkswirtschaft – überwiegend repräsentiert durch die Banken – und dem realen Teil – überwiegend repräsentiert durch die Unternehmen – ist äußerst komplex und kompliziert. Das hat für die Geldpolitik unangenehme Konsequenzen. Wenn die Zentralbank sich z.B. dazu entschließt, die Geldmenge M 3 (beispielsweise in einer Rezession) stärker wachsen zu lassen, kann man leider nicht vorhersagen, wann genau dieser geldpolitische Impuls sich tatsächlich bei den Unternehmen auswirken wird. Man weiß zwar, daß es durchschnittlich zwei bis drei Jahre dauert, bis in Deutschland ein geldpolitischer Impuls in der Volkswirtschaft voll wirksam geworden ist. Aber dabei gibt es relativ große Unsicherheiten. Und genau das ist das Problem. Da die Zentralbank nicht weiß, wann der nächste Konjunktureinbruch kommt, kann sie keine 'prophylaktische' Geldmengenerhöhung durchführen, sondern sie muß warten, bis die Rezession eingetreten ist. Dann taucht aber das Problem auf, daß die Zentralbank nicht wissen kann, wie lange die Rezession wirklich dauert. Mit Rezessionen ist es nämlich fast so wie mit grippalen Effekten: Sie können leichterer oder schwererer Natur sein und sie werden i.d.R. auch ohne Behandlung wieder abklingen. Ergreift die Zentralbank expansive geldpolitische Maßnahmen, wird die Geldmenge erhöht, aber es dauert lange, bis diese Geldmengenerhöhung sich voll ausgewirkt hat. Das kann aber gerade dann sein, wenn schon längst keine Rezession mehr besteht. Was passiert dann? Nun, in diesem Fall wirkt die Geldpolitik in unerwünschter Weise, indem sie einen Boom auslöst oder verstärkt. Beides ist gleichermaßen von Übel.

Diese Überlegungen führten letzten Endes dazu, daß die Bundesbank auf eine aktive Beeinflussung der Konjunktur über die Geldpolitik verzichtete. Statt dessen orientierte sie die Geldpolitik in erster Linie am *Wachstum des Produktionspotentials*. Konkret heißt das, daß die Bundesbank der Wirtschaft immer in dem Maße versucht hat, Geld bereitzustellen, wie es erforderlich war, um die tatsächlich produzierbare (nicht: produzierte!) Gütermenge auch bei konstantem Preisniveau absetzen (verkaufen) zu können.

Schauen wir uns an, was bei einer solchen Politik in einer Rezession passiert. Wie schon gesagt, wächst dann das Bruttoinlandsprodukt nicht oder sinkt sogar. Das entscheidende ist nun, daß die Geldmenge dennoch in dem Maße weiter steigt, wie es der Zuwachs beim Produktionspotential (also bei dem, was maximal erzeugt werden könnte) verlangt. Die umlaufende Geldmenge wird somit größer als diejenige Geldmenge, die erforderlich wäre, um die tatsächlich produzierte Gütermenge abzusetzen. Dadurch entsteht quasi automatisch und rechtzeitig eine Zunahme der gesamtwirtschaftlichen Kaufkraft, welche die Stärke der Rezession senken kann, ohne zu negativen Begleiterscheinungen zu führen.

Soweit die Theorie. In der Praxis ist das viel schwieriger zu bewerkstelligen, als es der Theorie nach zu sein scheint. Das liegt hauptsächlich daran, daß die Zentralbank die Geldmenge M 3 nicht im wirklichen Sinn halbwegs exakt steuern kann. Sie kann das Wachstum von M 3 lediglich beeinflussen; der Rest wird von den Banken und den Unternehmen erledigt und ist weitgehend der direkten Steuerung durch die Zentralbank entzogen. Ein weiteres Problem sind die außenwirtschaftlichen Einflüsse, auf die hier aber nicht weiter eingegangen werden soll.

Dieser etwas längere Exkurs war notwendig, um verstehen zu können, warum die Zentralbanken in elektronischen Zahlungsmitteln eine mögliche Gefahr für die Geldpolitik sehen. Diese Gefahren entstehen hauptsächlich dann, wenn tatsächlich *neue* elektronische Zahlungsmittel entstehen und als eine Art Nebenwährung umlaufen. Ist das Volumen dieser Zahlungsmittel sehr groß, dann wird der bisher in Deutschland stabile Zusammenhang zwischen den Zuwachsraten der Geldmenge M 3 und der Inflationsrate vermutlich nicht mehr gelten. Der Grund dafür ist, daß die neuen Zahlungsmittel die Haltung von Banknoten, Münzen, Sicht-, Termin- und Spareinlagen in nicht vorhersehbarer Weise verändern. Das ist keine reine Spekulation, sondern beruht auf Erfahrungen, die im Ausland schon gemacht worden sind. Dabei ist insbesondere an Großbritannien und die USA zu denken. In diesen Ländern ist der Zusammenhang zwischen der Geldmenge und der Inflationsrate schon vor einigen Jahren zusammengebrochen. Die Ursache war das Auftauchen von Finanzinnovationen. Dazu gehörten insbesondere solche Geldanlageformen, die als Ersatz für Sichteinlagen bei den Banken dienten. Der Effekt war, daß die Geldhaltung sich so stark verändert hat, daß eine Veränderung der Geldmenge nicht mehr in vorhersagbarer Weise das Preisniveau und damit die Inflationsrate beeinflußt hat.

Neue elektronische Zahlungsmittel und sogar schon modifizierte Zahlungsverfahren müssen als Finanzinnovationen angesehen werden, die – wenn sie umfassend eingesetzt werden – stark genug sein können, um die Geldpolitik in ernsthafte Probleme zu bringen. Nach welcher Regel sollte die Zentralbank die Geldmenge steuern? Eine gute Frage! In einem solchen Fall wäre eine von der Zentralbank gesteuerte Geldpolitik nur noch dann möglich, wenn diese neben dem schon bestehenden Ausgabemonopol für gesetzliche Zahlungsmittel auch ein solches Monopol für elektronische Zahlungsmittel erhalten würde.

Darüber hinaus können Risiken für das Finanzsystem als Ganzes entstehen. Das beruht darauf, daß bei elektronischem Geld bisher kein Sicherungssystem wie bei gesetzlichen Zahlungsmitteln besteht. So kann z.B. relativ leicht der Fall eintreten, daß ein Emittent von elektronischem Geld zahlungsunfähig wird. Dadurch könnte ein Lawine von weiteren Zusammenbrüchen bei Unternehmen ausgehen, die wesentliche Teile ihres Geschäftes mit diesem Geld abwickeln.

Alle Banken und Kreditinstitute in Deutschland unterliegen der Bankenaufsicht durch das Bundesaufsichtsamt für das Kreditwesen und die Deutsche Bundesbank. Dadurch soll sichergestellt werden, daß diese Institute eine ausreichende Versorgung mit Eigenkapital aufweisen und daß die Banken durch ihre Kreditvergabe nicht zu eng an einzelne Unternehmen gebunden sind. Das wird dadurch erreicht, daß für die Höhe der Kredite an einzelne Unternehmen Obergrenzen definiert sind. Darüber hinaus sind die Kundeneinlagen bei den Banken über eine Versicherung abgesichert.

Diesen Regelungen unterliegen aber nur Banken. Was eine Bank ist, ist in Deutschland im Kreditwesengesetz definiert. Das bedeutet, daß nach den bis vor kurzem geltenden Regelungen die Ausgabe von elektronischem Geld auch von Institutionen (z.B. Unternehmen) betrieben werden konnte, ohne daß diese der Bankenaufsicht unterlegen hätten.

Die Bundesbank hat dieses Problem frühzeitig erkannt. Da sie notorisch vorsichtig ist, hat sie schnell reagiert. Somit gilt in Deutschland mit Inkrafttreten der sechsten Novelle des Kreditwesengesetzes die Regelung, daß die Ausgabe von elektronischem Geld, von Geldkarten etc. als Bankgeschäft definiert ist. Damit sind alle Institutionen, die elektronisches Geld ausgeben, automatisch Banken und unterliegen damit der Bankenaufsicht!

Diese Regelung ist nicht unumstritten. Die Befürchtung ist, daß eine frühzeitige Regelung dieser Fragen die Entwicklung von neuen elektronischen Zahlungsinstrumenten blockiert. Darüber hinaus wird argumentiert, daß damit v.a. die existierenden Großbanken begünstigt werden, da diese bereits mit der Bankenaufsicht vertraut sind und über Personal verfügen, die mit der Abwicklung der damit verbundenen Aufgaben Erfahrung haben. Für alle anderen gilt, daß sie sich dieses Know-how erst einmal besorgen müssen, und das ist teuer. Damit haben alle neu hinzukommenden Anbieter einen systematischen Wettbewerbsnachteil. Nun gilt gerade im Finanzbereich, daß Vorsicht die Mutter der Porzellankiste ist. Daher muß man gewisse Nachteile akzeptieren, wenn ein sicheres und stabiles Finanzsystem erreicht werden soll.

No risk, no fun: Und wie geht es weiter?

Wie wird es mit elektronischem Geld und den elektronischen Zahlungssystemen weiter gehen? Der Stand der Dinge ist, daß die *Entwicklungsphas*e erst einmal abgeschlossen scheint. In dieser Phase wurde ein ganze Reihe Zahlungsverfahren für den Gebrauch im Internet modifiziert und auf ein halbwegs akzeptables Sicherungsniveau gebracht. Daneben wurde einige neue Zahlungsmittel entwickelt, die direkt und gezielt für den Einsatz im Netz konzipiert wurden.

Nach der Entwicklungsphase folgt die *Test- oder Experimentierphase*. In dieser Phase werden die entwickelten Verfahren auf Fehler und ihre Tauglichkeit im täglichen Einsatz geprüft. Hierbei werden i.d.R. Fehler und Schwächen sichtbar, die dann ausgebessert werden müssen. M.a.W., an die Testphase schließt sich eine weitere Entwicklungsphase an. Auch diese Phase kann bei elektronischen Zahlungsverfahren im wesentlichen als abgeschlossen gelten.

Bevor die Marktreife erreicht ist, sind breit angelegte *Feldversuche* erforderlich. Dabei geht es weniger um die rein technischen Ausgestaltungen der Zahlungsverfahren und –mittel, als vielmehr darum, herauszufinden, wie die Akzeptanz in der Bevölkerung und bei den Unternehmen aussieht. In dieser Phase findet schon ein Markttest statt. Es zeichnet sich ab, welche Systeme überhaupt eine Chance haben werden und welche nicht.

Auch diese Phase ist längst angelaufen und in einigen Bereichen auch schon abgeschlossen – was nicht heißt, daß es keine Veränderungen mehr geben wird. Es zeichnet sich ab, daß praktisch alle weiter oben beschriebenen elektronischen Zahlungsverfahren akzeptiert und genutzt werden. Am beliebtesten scheinen Kreditkartensysteme zu sein. Die Hauptursache dafür dürfte darin zu suchen sein, daß weite Teile der Bevölkerung mittlerweile Erfahrungen mit Kreditkarten außerhalb des Internet gemacht haben. Daher ist es naheliegend, dieses bekannte Instrument auch online einzusetzen. Interessant ist, daß sich diese Systeme weitgehend durchgesetzt haben, obwohl sie nicht frei von Sicherheitsrisiken sind.

Zu diesen Sicherheitsrisiken sollte doch noch etwas gesagt werden. Zunächst einmal muß man feststellen, daß es kein einziges Zahlungssystem – on- und offline – gibt, das in technischer Hinsicht als *sicher* einzustufen wäre. Alle Systeme können geknackt werden und wurden auch schon geknackt. Damit ist auch schon das dahinter liegende Problem angesprochen: Welches Maß an technischer und Gebrauchssicherheit ist eigentlich erstrebenswert? In dieser Hinsicht unterscheiden sich die Denkweisen der Techniker und der Ökonomen beträchtlich. Ökonomisch gilt nämlich, daß nicht jedes technisch mögliche Sicherheitsniveau auch wirtschaftlich sinnvoll ist. Das sollte Sie aber nicht überraschen. Wie Sie wissen, wird in Häuser und Wohnungen eingebrochen. Dagegen gibt es ausgefeilte Sicherungssysteme zu kaufen. Und dennoch sind die meisten Wohnungen und Häuser nicht mit diesen Sicherungssystemen ausgestattet. Warum nicht? Ganz einfach: Weil es sich nicht lohnt. Den ganz normalen Hausrat mittels elektronischer Satellitenüberwachung zu schützen ist imVergleich zu den zu schützenden Werten einfach teuer. Das bedeutet, daß das Sicherungsniveau, das man wählt, davon abhängt, welche Werte man schützen muß. Natürlich muß eine Bank ihre Geldbestände besser schützen als ein privater Haushalt. Es besteht also eine stark positive Korrelation zwischen dem maximal möglichen Verlust einerseits und dem sinnvollen Sicherheitsniveau andererseits.

Zurück zu elektronischen Zahlungssystemen. Diese sind technisch gesehen nicht sicher. Aber sie sind offenbar so sicher, daß viele Personen sich trauen, sie für Zahlungen über das Internet zu nutzen. Zudem sind auch die Zahlungssysteme außerhalb des Netzes nicht sicher. Hier kennt man aber die Risiken besser und hat ein Gefühl dafür, wann es gefährlich wird. Dieses Gefühl ist im Internet noch nicht richtig entwickelt und die Schreckensmeldungen, welche die Medien verbreiten, tun ihr übriges dazu. In der Tat treten online sicherheitstechnische Probleme auf, die offline gar nicht vorhanden sein können. Aber das heißt nicht, daß das Internet – was Zahlungsvorgänge angeht – auf jeden Fall unsicherer ist.

Abgesehen von Kreditkarten geht der Kampf am Markt um die Standards der unterschiedlichen Anbieter weiter. Bisher jedenfalls haben sich keine allgemeinen Verfahrens- und Sicherheitsstandards für das Internet herausgebildet. Das hat mehrere Ursachen:[5]

- Da die meisten Zahlungssysteme in US-Dollar abrechnen, entstehen bei entsprechenden Transaktionen Geldumtauschkosten. Das macht die Verfahren relativ teuer. Zudem wird von den Kunden verlangt, daß sie ein Konto im Land des Providers des Electronic Payment Systems haben – also oft in den USA! Das ist sehr umständlich und kostet Geld.
- Die Anbieter von Zahlungssystemen arbeiten mit unterschiedlichen, nicht kompatiblen technischen Plattformen. Das zwingt die Händler und Kunden, mehrere Systeme anzubieten bzw. zu nutzen. Es besteht keine Möglichkeit, ein beliebiges System zu wählen und über dieses System Zahlungen zu leisten. Dies wäre nur denkbar, wenn die technischen Grundlagen der Systeme miteinander kompatibel wären.
- Das breite Spektrum der Zahlungsverfahren führt zu hoher Marktintransparenz. Die Folge sind verunsicherte Kunden, die nicht beurteilen können, welche Lösungen gut oder schlecht sind. Was erforderlich ist, sind objektive Informationen über die Sicherheit der Verfahren. Die Stiftung Warentest oder besser noch Finanztest sollte dieser Frage einmal eine Untersuchung widmen!
- Es bestehen große Akzeptanzprobleme, da an der Sicherheit der Systeme gezweifelt wird. Zudem sind die Systeme sehr komplex und kompliziert. Wahrscheinlich ist das auch der Grund dafür, daß Kreditkarten so häufig benutzt werden. Deren Akzeptanz ist hoch, weil die Kunden den Umgang mit Kreditkarten offline kennen.
- Last but not least: Die Vermarktung läßt arg zu wünschen übrig. Bei den Anbietern von Zahlungssystemen wird die Kundenorientierung bisher eher klein geschrieben. Will man das Produkt bekannt machen, sind bessere Marketingstrategien erforderlich.

Während bei elektronischen Zahlungsverfahren die Lage noch halbwegs klar ist, kann das bei elektronischen Zahlungsmitteln nicht gesagt werden. Bisher jedenfalls befinden sich einige Varianten in Feldversuchen, aber die Teilnehmerzahlen sind sehr gering. Von einem Überschreiten der kritischen Masse kann hier keinesfalls die Rede sein. Es sieht vielmehr danach aus, als ob sich keines der Mittel etablieren könnte.

Wie schon weiter oben gesagt, hat sich die Geldkarte in Deutschland eine relativ gute Ausgangsbasis geschaffen, insbesondere für den Offline-Zahlungsverkehr. Allerdings ist eine Variante der Geldkarte vielversprechend, die speziell dafür konzipiert ist, im Internet und außerhalb des Netzes verwendet werden zu können. Die Rede ist von *ECash* der Firma DigiCash.

DigiCash wurde 1990 von David Chaum in den Niederlanden gegründet. ECash wurde als anonymes Geld konzipiert, das von allen anderen Varianten dem Bargeld am nächsten kommt. ECash wird von einigen Banken in verschiedenen Ländern ausgegeben, z.B. von der Mark Twain Bank in den USA und der Deutschen Bank in Deutschland. Letztere hat im Oktober 1997 einen Pilotversuch gestartet, an dem jeder teilnehmen kann. Vor dem kommerziellen Einsatz benötigt die Deutsche Bank aber noch die Genehmigung der Deutschen Bundesbank. Vom Prinzip her ähnelt ECash sehr stark einer Geldkarte. Der Hauptunterschied zwischen Geldkarte und ECash ist die vollständige Anonymität von ECash.

Ein Kunde braucht zur Teilnahme an ECash eine eigene E-Mail Adresse, ein reguläres Bankkonto bei der ausgebenden Bank und einen ECash Account bei der ECash Mint. Die Mint kann als eine Art Münzprägeanstalt verstanden werden, die virtuelle Münzen mit Seriennummern prägt. Die Transaktionen laufen wie folgt ab: Der (potentielle) Kunde zahlt einen Betrag auf sein Bankkonto ein, von dem aus der ECash Account gefüllt wird. Dann kann eingekauft und bezahlt werden, aber nur bei Händlern, die ECash akzeptieren. Der Kunde kann sein Geld auf seinem Bankkonto, dem ECash Account bei der ausgebenden Bank oder in seiner ECash Geldbörse (Wallet) auf der Festplatte seines PCs halten. Wichtig ist, daß bei der Transferierung des Geldes vom Bankkonto auf den ECash Account Geld in mit Seriennummern versehene *Token* verwandelt wird, die von der ECash Mint geschaffen werden. Mit diesen Token werden Einkäufe bezahlt. Diese Token werden so geschaffen, daß vollständige Anonymität für den Besitzer gewährleistet ist.

Beim Einkauf wird bei einem entsprechenden Web-Kaufhaus zur Bezahlung ein Pay-Button gedrückt und nach Bestätigung durch den Kunden mit ECash bezahlt. Die ECash-Empfänger haben vorher intern festgelegt, wohin der Betrag fließt: in die Geldbörse oder auf den ECash Account bei der ausgebenden Bank. Sowohl der Kunde als auch der Händler können sich jederzeit über die in der Geldbörse oder auf dem ECash Account befindlichen Beträge sowie den Stand von Transaktionen informieren.

Die Händler kommen auf ähnlichem Weg wie die Kunden in das ECash-System. Sie melden sich bei der ausgebenden Bank als Händler an und werden in das Verzeichnis der ECash akzeptierenden Händler aufgenommen und werden dadurch zu einem Web-Kaufhaus. Der Händler kann jederzeit Token in gesetzliche Zahlungsmittel umtauschen und auf ein normales Bankkonto transferieren. Wichtig ist noch, daß nach dem Abschicken der Token vom Kunden an den Verkäufer letzterer die Token an die ECash Mint schickt, welche die Token auf ihre Gültigkeit hin überprüft. Ist der Token gültig, wird der Betrag dem Händler gutgeschrieben oder an seine Geldbörse weitergeleitet. Abbildung 14 und Box 2 veranschaulichen das Prinzip von Digicash noch einmal.

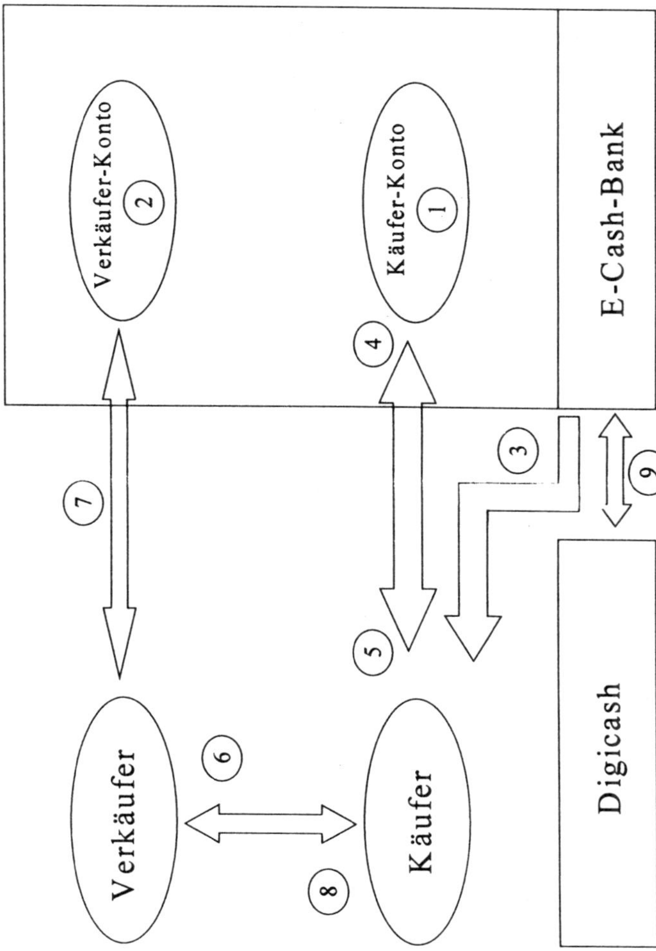

Abbildung 14: Funktionsprinzip von Digicash

So bezahlt man in Bits und Bytes: Digicash

Digicash ermöglicht das Bezahlen in elektronischem Geld, das ähnlich wie normales Geld funktioniert, nur daß die Münzen und Geldscheine hier durch sogenannte Token repräsentiert werden. Im einzelnen funktioniert das wie folgt (vergleichen Sie bitte Abbildung 14):

(1) Der Käufer eröffnet ein Konto bei der E-Cash-Bank.

(2) Auch der Verkäufer benötigt ein Konto bei der E-Cash-Bank

(3) Der Kunde zahlt Geld in die E-Cash-Bank ein. Im Gegenzug fordert der Rechner der Bank den Rechner des Käufers auf, Seriennummern zu erstellen. Die Bank kennt diese Seriennummern nicht.

(4) Der Rechner des Kontoinhabers generiert die Seriennummern und schickt diese an die E-Cash-Bank in sogenannten Envelopes zurück. Die Envelopes verhindern, daß die Bank die Seriennummern lesen kann.

(5) Die Bank bestätigt mit ihrer elektronischen Unterschrift durch die Envelopes hindurch die Gültigkeit der vom Rechner des Kunden generierten Seriennummern. Die dadurch fertiggestellten Token werden an den Kunden zurückgeschickt und auf dessen Rechner gespeichert. Die elektronische Börse des Kunden enthält nun gültiges Cyber-Money.

(6) Der Kunde bestellt nun in einem elektronischen Warenhaus und bezahlt den Verkäufer mit seinen Token.

(7) Die E-Cash-Bank prüft die Gültigkeit der vom Verkäufer eingereichten Token und schreibt ihm diese auf dessen Konto gut.

(8) Im Gegenzug erhält der Käufer die Ware.

(9) Die Bank zahlt Digicash Lizenzgebühren für die Nutzung des Digicash-Systems

Box 2: Das Funktionsprinzip von Digicash

Wie steht es mit den Kosten? Je nach Bank kann das verschieden sein. Jedenfalls gibt es die entsprechende Software kostenlos (Netzwerkeffekt, ick hör dir trappsen!). Es muß aber davon ausgegangen werden, daß für Kontoeröffnung und Transfers zwischen dem normalen Bankkonto und dem ECash Account (betragsabhängige) Gebühren gezahlt werden müssen. Die ECash Mint der ausgebenden Bank muß für die Lizenz von DigiCash zur Nutzung von ECash eine Gebühr bezahlen.

Das Besondere an ECash ist das Sicherheitskonzept, das erst die vollständige Anonymität der Zahlungen gewährleistet. Die Anonymität wird dadurch hergestellt, daß die ECash Mint eine Art neues Zahlungsmittel generiert, die Token. Diese sind durch Seriennummern identifiziert. Anhand dieser Nummer kann von der Mint überprüft werden, ob dasselbe Token vom Kunden schon einmal verwendet worden ist. Wenn das der Fall ist, ist das Token ungültig. Der Kunde kann also tatsächlich Kopien von echten Token auf seinem Rechner erzeugen, die Fälschung fällt aber immer auf, wenn die Token bei der Mint auf Echtheit überprüft werden.

Kann man denn den einen Betrüger ausfindig machen, wenn die Token doch gerade die Anonymität des Kunden sicherstellen sollen? Nun, trotz ihrer Anonymität führen die Token immer alle Informationen zu allen vormaligen Besitzern mit sich; diese werden aber nur sichtbar, wenn jemand versucht, mehr als einmal mit einem bestimmten Token zu bezahlen (man nennt das auch *Double Spending*).

Ein großer Vorteil von ECash ist, daß es zwischen Privatpersonen übertragen werden kann und offline verwendbar ist (daher auch die Ähnlichkeit zu einer Geldkarte). Damit vereinigt es in der Tat die wichtigsten Eigenschaften von Geld in sich. Zudem wird die Transfersicherheit gewährleistet.

Wie schon gesagt, läuft in Deutschland zur Zeit ein Pilotprojekt mit ECash. Stellt ECash eine Gefahr für das Währungs- und Finanzsystem dar? Es wurde schon ausgeführt, daß ECash eigentlich nicht als eigenständige Währung konzipiert wurde. Kann man sich aber wirklich sicher sein, daß es keine ist? Das legt es nahe zu fragen, wann eigentlich eine neue Währung de facto entstanden ist.

Zunächst einmal kann festgehalten werden, daß ECash kein gesetzliches Zahlungsmittel ist. Die entscheidende Folge davon ist, daß niemand gezwungen ist, Token als Zahlungsmittel zu akzeptieren. Daher ist es auch erforderlich, daß Händler sich eigens für eine Teilnahme an ECash entscheiden müssen. Begrenzt man den Begriff Währung auf gesetzliche Zahlungsmittel, so ist ECash keine Währung.

Aber Ökonomen geben nicht allzu viel auf Gesetze, wenn es um Währungen geht. Dafür gibt es weltweit einfach zu viele 'Währungen', die keine gesetzlichen Zahlungsmittel mit Annahmezwang sind. Man beobachtet nämlich, daß bei sehr hohen Inflationsraten sich manchmal neue Währungen herausbilden, ohne daß der Gesetzgeber dies verhindern könnte. Das bekannteste Beispiel in Deutschland waren die Zigarettenwährung nach dem zweiten Weltkrieg und die DM als (illegale) Währung in der DDR. Offensichtlich entscheidet der Gebrauch eines Gegenstandes darüber, ob er als Währung anzusehen ist oder nicht.

Prüfen wir einmal, ob ECash die ökonomischen Kriterien dafür erfüllt, daß es als Geld angesehen werden kann. Es muß als Zahlungsmittel dienen, als Recheneinheit verwendbar sein, zur Wertaufbewahrung taugen und man muß Schulden damit tilgen können. Nun, tatsächlich erfüllt ECash diese Anforderungen: die Recheneinheit ist das Token, es ist als Zahlungsmittel im Internet und außerhalb davon einsetzbar, man kann die Token auf der eigenen Festplatte oder auf dem ECash Account lagern, ohne daß es verdirbt oder in anderer Weise seinen Wert verliert, und man kann Schulden bei denjenigen Händlern bezahlen, die ECash akzeptieren. Rein theoretisch betrachtet ist ECash damit ein eigenständiges Zahlungsmittel und damit Geld. Zudem kann es jederzeit in andere Währungen (DM, US-Dollar etc.) umgetauscht werden. Damit es vollends zur Währung aufsteigt, fehlt nur noch die breite Akzeptanz! Würde sich ECash durchsetzen, müßten wir davon ausgehen, daß mit den Token eine neue Währung entstanden ist.

Es gibt in Deutschland einige Selbsthilfegruppen, die eine Art Tauschring aufgebaut haben, der so funktioniert: „Tausche Marmorkuchen gegen Steuerberatung“. Damit die Tauschakte nicht so kompliziert und langwierig werden, haben einige dieser Gruppen eigene Zahlungsmittel, z.B. *Talente*, geschaffen. In diesen Zahlungsmitteleinheiten werden Preise für die entsprechenden Leistungen festgesetzt, es werden Zahlungen geleistet und sie können angesammelt, d.h. gespart werden. Auch hier gilt, daß diese Zahlungsmittel tatsächlich die Geldfunktionen erfüllen, aber nicht allgemein als Währung akzeptiert sind.

Warum betrachten Zentralbanken diese hübschen Entwicklungen mit so großem Mißtrauen? Kreativität wird doch ansonsten so hoch geschätzt, warum nicht auch hier? Das Problem erkennt man erst, wenn man den kleinen Rahmen überschreitet und sich vorstellt, daß ECash oder Talente von weiten Teilen der Bevölkerung als Zahlungsmittel akzeptiert würden. Dann nämlich würde die Zentralbank ihre Monopolstellung in der Geldversorgung verlieren – d.h., andere Institutionen könnten auch Geld schaffen, ohne daß die Zentralbank darüber die Kontrolle hätte.

Das ist alles solange noch kein Problem, wie der Teil der Wirtschaft, der DM als Zahlungsmittel verwendet, getrennt ist von den Teilen, die andere Währungen verwenden. Allerdings kann nicht ernsthaft erwartet werden, daß dies der Fall sein wird. Wenn also die beteiligten Währungsräume miteinander wirtschaftlichen Austausch von Leistungen betreiben, sind sie miteinander verflochten. Auch das ist nicht notwendigerweise problematisch, solange man von flexiblen Wechselkursen zwischen den Währungen ausgehen kann. Durch den Wechselkurs sind die realen Teile der Wirtschaften voreinander geschützt. Gibt es Kapitalverkehr zwischen den Teilen, können sich beide Teile gegenseitig beeinflussen – positiv wie negativ.

Was die Zentralbanken befürchten müssen, ist, daß sich ein Teil der Wirtschaft ihrer Geldpolitik entziehen kann. Zudem hätten die Wirtschaftssubjekte das Problem, daß sie verschiedene Währungen halten müßten, die Wechselkurse beobachten müßten etc. D.h. es würden gerade die Transaktionskosten wieder auftauchen, die man mit einer einheitlichen europäischen Währung gerade glaubte reduziert zu haben.

Es gibt noch einen weiteren, finanziellen Grund, warum Zentralbanken neue Währungen auf dem eigenen Währungsgebiet nicht gerne sehen. Durch das Ausgabemonopol von Banknoten entstehen – wie weiter oben erwähnt - nämlich Gewinne für die Zentralbanken, da das Drucken der Geldscheine und die Verwaltung der Zentralbank viel weniger kosten als der aufgedruckte Wert auf den Geldscheinen. Der Zentralbankgewinn, über den sich alljährlich der Finanzminister freut, würde beim Umlauf weiterer Währungen sinken, möglicherweise sogar sehr stark. Das ist nicht schön!

Was kann man dagegen tun, wenn man zwar weiterhin ein Geldausgabemonopol der Zentralbank haben will, aber auch nicht verhindern möchte, daß sich für das Internet eigene Zahlungsmittel herausbilden? Die einfachste Lösung wäre, daß die Zentralbank selbst die Ausgabe der Internet-Zahlungsmittel übernimmt. Dann wäre die Ordnung wieder hergestellt. Bis dahin ist es aber noch ein sehr weiter Weg. Bisher zumindest sieht es nicht danach aus, als ob sich eine neue Währung für das Internet etablieren könnte – nicht zuletzt wohl wegen des Netzwerkeffekts.

Anmerkungen

1 Siehe zu den folgenden Ausführungen Schwickert, A.C.: Internet Electronic Payment Systems. Johannes Gutenberg-Universität Mainz, Lehrstuhl für Allgemeine BWL und Wirtschaftsinformatik. Mainz 1997, S. 7 ff. Eine aktuelle Übersicht über Online-Zahlungsverfahren bietet Wasmeier, M.: Web-Währungen. Online-Bezahlverfahren für Ecommerce. c't 1998, Heft 11, S. 152-157.

2 Wenn Sie das Buch von Stoll gelesen haben, wissen Sie, was wir meinen! Stoll, S.: Bankraub Online. Feldkirchen 1997.

3 Vgl. Schwickert, Internet Electronic Payment Systems, a.a.O., S. 7.

4 Zum Geldkarteneinsatz im Internet siehe Gladis, R.: Netzkröten. EBusiness mit der Geldkarte. c't 1998, Heft 11, S. 52 f.

5 Vgl. dazu Schwickert, Internet Electronic Payment Systems, a.a.O., S. 49.

7. Auf Nummer Sicher: Kryptographie

Sagen wir's dem ganzen Netz?

Am Anfang dieses Kapitels müssen wir zuerst zwei Fragen klären: Was ist Kryptographie und wozu benötigt man sie? Im ursprünglichen Sinn bezeichnet Kryptographie eine Geheimschrift, die nur von Eingeweihten gelesen werden kann. Der Zweck einer solchen Schrift ist recht einfach: Mit ihrer Hilfe soll verhindert werden, daß Botschaften, die nur für einen bestimmten Personenkreis bestimmt sind, zufällig oder absichtlich von Uneingeweihten gelesen werden können. Das Grundprinzip ist recht einfach: Sie einigen sich mit Ihrem Kommunikationspartner auf einen bestimmten Code (beispielsweise ordnen Sie jedem Buchstaben eine Zahl zu), verschlüsseln die Nachricht, und der Adressat entschlüsselt diese mit Hilfe des zuvor vereinbarten Codes.

Warum Sie eine solche Technik vor allem im Internet gebrauchen können, dürfte Ihnen nach den letzten Kapiteln klar geworden sein. Die Anwendungsmöglichkeiten sind so vielfältig, daß es schwerfallen wird, eine erschöpfende Aufzählung der Möglichkeiten und Notwendigkeiten von Kryptographie zu geben. Aber die wichtigsten sind schnell genannt: Im Bereich der E-Mail verwendet man kryptographische Verfahren, um zu verhindern, daß die private (oder geschäftliche) E-Mail von Unbefugten zufällig oder absichtlich gelesen wird. Vor allem im Geschäftsverkehr, wo Baupläne, Kostenvoranschläge, vertrauliche Notizen und Daten der Finanzbuchhaltung über das Netz versendet werden, erscheint eine Verwendung kryptographischer Verfahren sinnvoll. Aber mehr noch: Erst mit Hilfe der Kryptographie können Sie wirklich einen elektronischen Handel etablieren. Wieso?

Bedenken Sie einmal, wie ein elektronischer Handel funktioniert: Der Kunde besucht die Homepage eines Verkäufers und gibt dort eine Bestellung auf. Der Verkäufer bestätigt diese Bestellung, liefert die Ware und schickt dem Kunden die Rechnung. Dieser erhält die Ware und bezahlt. Das hört sich einfach an, aber der Teufel steckt hier im Detail. Überlegen Sie einmal: Woher weiß der Verkäufer, wer da seine Ware bestellt? Es könnte doch jemand auf die Idee kommen, Ware unter falschem Namen zu bestellen, um so die Bezahlung der Waren jemand anderem zu überlassen. Und woher weiß der Kunde, daß der Verkäufer überhaupt existiert? Vielleicht ist das elektronische Warenhaus, in dem er einkauft, nur ein potemkinsches Dorf, bei dem er sein Geld abliefert, ohne eine Gegenleistung zu bekommen? Und weiter: Wenn man per Kreditkarte über das Internet bezahlt (was heute bereits üblich ist), woher will man wissen, daß niemand im Netz darauf lauert, um Ihre Kreditkartennummer herauszufinden und sich auf diese Weise seinen Kreditspielraum auf fremde Kosten zu erweitern? Und woher weiß man, daß eine Zahlung tatsächlich ankommt oder angekommen ist? Wie Sie sehen, hängt die Funktionsfähigkeit des elektronischen Handels entscheidend davon ab, daß man seine Geschäftspartner eindeutig identifizieren kann und daß die übertragenen Daten vor Manipulation seitens Dritter geschützt ist.

Ein weiterer wichtiger Punkt, der für Kryptographie spricht, ist die Überlegung, daß nun Firmen das Internet für die firmeninterne Koordination und Organisation nutzen können, ohne Befürchtungen vor Lauschangriffen oder Sabotageakten haben zu müssen. Wenn man ein Intranet benutzt, so kann man auf Geheimhaltung und Verschlüsselung verzichten, da nur Firmenangehörige das Netz nutzen können. Erst Kryptographie gibt auch Kleinunternehmen die Möglichkeit, sich so zu organisieren wie große Unternehmen, welche über ein teures Intranet verfügen. Man kann also sagen, daß Kryptographie jedem Unternehmen die Möglichkeit gibt, das Internet wie ein Intranet zu nutzen.

Noch brisanter ist die Frage des elektronischen Geldes: Man will nicht nur erreichen, daß Zahlungsvorgänge im Netz sicher sind, sondern darüber hinaus muß auch garantiert sein, daß das elektronische Geld fälschungssicher ist. Und sicherlich legen auch Sie auch Wert darauf, daß nicht das ganze Netz erfährt, wofür Sie wieviel Geld ausgegeben haben oder wie Ihr Kontostand aussieht. Generell gilt: Ohne eine Übertragungsform, die Sicherheit und Integrität des Zahlungsverkehrs im Netz garantiert, wird der elektronische Handel nicht über ein digitales Abbild der bunten Warenhauskataloge hinauskommen. Denn erst, wenn sich der gesamte Handel einschließlich der Bezahlung über das Internet erledigen läßt, kann das Internet erst richtig all seine Vorteile gegenüber anderen Handelsformen ausspielen.

Nun könnten Sie natürlich auf die Idee kommen, zu fragen, ob denn wirklich in allen Bereichen eine Verschlüsselung Ihrer Korrespondenz notwendig ist. Und weiter: Natürlich gibt es Personen mit krimineller Energie, die Interesse daran haben, den Zahlungsverkehr zu mißbrauchen, aber warum sollte man denn den sonstigen Internet-Verkehr abhören? Ganz so Unrecht haben Sie da nicht. Es gibt Daten von unterschiedlicher Sensibilität, die über das Internet verschickt werden: Zuerst sind da Daten, die in der Tat keiner Verschlüsselung bedürfen, wenn man sie über das Netz versendet, wie private E-Mails an Bekannte oder Verwandte, Werbesendungen oder das Herunterladen von Spielen. Ein Abhören oder eine Manipulation dieser Daten erscheint nicht sehr gewinnversprechend und macht daher keinen großartigen Sinn. Kommerzielle Transaktionen wie Homebanking, elektronischer Handelsverkehr oder der Austausch wichtiger Unternehmensinformationen hingegen müssen mit Sicherheit vor unbefugtem Abhören oder einer Veränderung durch Dritte geschützt werden. Und wenn Sie einmal an die Herkunft des Internet denken, dann wird auch klar, welche Daten noch schützenswerter sind: Daten von nationaler Relevanz, vor allem im militärischem Bereich, haben höchste Priorität, was ihre Sicherheit angeht.

Um festzuhalten: Welche Aufgaben hat Kryptographie? Wesentliche Aufgabe der Kryptographie ist nicht nur die Verschlüsselung von Daten (Schutz der Privatsphäre), sondern auch die Sicherstellung der Integrität der Daten, d.h., die Garantie, daß diese Daten nicht von Unbefugten verändert und auch tatsächlich von der Person abgesendet worden sind, welche als Absender angegeben ist (Sicherstellung der Authentifizierung). Das sind eine ganze Menge Aufgaben auf einmal. Welche Methoden kann man dazu verwenden? Schauen wir uns diese mal der Reihe nach an.

Ein Schlüssel...

Was tut man, wenn man etwas geheim halten will? Abschließen natürlich, mit einem Schlüssel. So etwas ähnliches macht man auch bei der Anwendung kryptographischer Verfahren: Man vereinbart einen Schlüssel, mit dessen Hilfe der Originaltext kodiert wird. Zum Beispiel kann man vereinbaren, daß jeder Buchstabe im Alphabet durch seinen Nachfolger ersetzt wird; der Phantasie sind hier keine Grenzen gesetzt. Sind nur die beiden Parteien, welche miteinander kommunizieren wollen, im Besitz des Schlüssels, so kann die verschlüsselte Nachricht zwischen ihnen ausgetauscht werden, ohne daß Außenstehende diese ohne weiteres lesen können.[1]

Nun hat dieses Verfahren allerdings einige Nachteile: Man kann sich natürlich wesentlich kompliziertere Schlüssel als den oben vorgeschlagenen ausdenken, was aber wenig an der Tatsache ändert, daß man diese Schlüssel durch den Einsatz eines schnellen Rechners durchaus knacken kann. Selbst aufwendige Schlüssel können beispielsweise dadurch geknackt werden, daß man versucht, Muster im verschlüsselten Text wiederzufinden. Hat man Anhaltspunkte dafür, welche Wörter in dem zu entschlüssenden Text sein könnten, so sucht man diesen Text einfach auf Muster ab, die diesem Wort entsprechen könnten. Hat man einmal ein Wort herausgefunden, so ist der Rest nur noch Formsache. Ein wesentlich gravierender Nachteil dieses Verfahrens besteht aber darin, daß man, um dieses Verfahren anwenden zu können, zuerst den Schlüssel vereinbaren und austauschen muß. Das hat zwei Probleme zur Folge: Zum einen eignet sich dieses Verfahren nicht für spontane, anonyme Transaktionen, wie sie im elektronischen Handel durchaus üblich sind (oder wollen Sie als Anbieter eines elektronischen Warenhauses mit all Ihren Kunden zuerst einen individuellen Schlüssel austauschen?). Zum anderen stellt der notwendige Schlüsselaustausch ein Sicherheitsrisiko dar, da der Austausch des Schlüssels natürlich nur unverschlüsselt erfolgen kann. Gelingt es einem Dritten, die Schlüsselübergabe unbemerkt zu belauschen, so nützt der schönste Schlüssel nichts. Sie sehen, so komfortabel ist diese Methode der Verschlüsselung nicht. Aber zum Glück gibt es noch eine Alternative, die wir uns nun einmal näher anschauen wollen.

...oder zwei Schlüssel?

Die Grundidee ist recht einfach: wenn man vermeiden will, daß man zuerst mit seinem Gesprächspartner einen Schlüssel austauschen muß, so verwendet man einfach zwei Schlüssel, für jeden Gesprächspartner einen. Wie funktioniert das?

Der erste Schlüssel, der sogenannte private Schlüssel, dient seinem Besitzer dazu, Nachrichten an Dritte zu verschlüsseln und Nachrichten, welche an ihn gerichtet sind, zu entschlüsseln. Dieser Schlüssel bleibt bei seinem Besitzer und wird weder der Öffentlichkeit zugänglich gemacht noch an Dritte weitergegeben. Der zweite Schlüssel ist der sogenannte öffentliche Schlüssel, der jedem, der daran Interesse hat, zugänglich gemacht wird. Mit seiner Hilfe kann man Nachrichten an den Besitzer des privaten Schlüssels versenden und Nachrichten von ihm entschlüsseln. Der Trick an der Sache besteht nun allerdings darin, daß man mit Hilfe des öffentlichen Schlüssels zwar Nachrichten an den Besitzer des privaten Schlüssels verschicken kann, diese dann aber nur mit Hilfe des privaten Schlüssels wieder entschlüsselt werden können. Das hat zur Folge, daß mit dem öffentlichen Schlüssel chiffrierte Nachrichten nur vom Besitzer des privaten Schlüssels gelesen werden können. Weiterhin können mit Hilfe des öffentlichen Schlüssels nur solche Nachrichten entschlüsselt werden, die zuvor mit Hilfe des privaten Schlüssels kodiert worden sind. Das stellt sicher, daß eine Nachricht, die man mit Hilfe des öffentlichen Schlüssels entschlüsselt hat, nur vom Besitzer des privaten Schlüssels stammen kann. Sind Sie nun verwirrt? Dann schauen wir uns das doch einmal in einem Beispiel an (vergleichen Sie bitte auch Abbildung 15).

Nehmen wir einmal an, Sie wollen verschlüsselt über das Internet kommunizieren. Zuerst beschaffen Sie sich einen privaten Schlüssel und ein dazu gehörendes öffentliches Gegenstück (wir werden noch darüber reden, wo Sie einen solchen Schlüssel herbekommen und wie Sie ihn der Öffentlichkeit zugänglich machen, nämlich bei der Diskussion um den öffentlichen Schlüsselbund). Den privaten Schlüssel verwahren Sie sicher zu Hause und achten darauf, daß niemand Zugang zu diesem Schlüssel bekommt.

Den öffentlichen Schlüssel machen Sie publik und sorgen dafür, daß jeder, der ein Interesse daran hat, Zugang zu diesem Schlüssel hat. Wenn jemand Ihnen nun eine Nachricht schickt, so verwendet er den öffentlichen Schlüssel, um diese zu verschlüsseln, und schickt Ihnen die Nachricht. Auch wenn diese Nachricht nun aus irgendeinem Grunde in falsche Hände fällt, so nutzt sie einem potentiellem Datendieb ohne den privaten Schlüssel nichts, da die Nachricht nur mit diesem wieder dekodiert werden kann. Damit ist sichergestellt, daß eine mit dem öffentlichen Schlüssel chiffrierte Nachricht nur vom Besitzer des privaten Schlüssels gelesen werden kann.

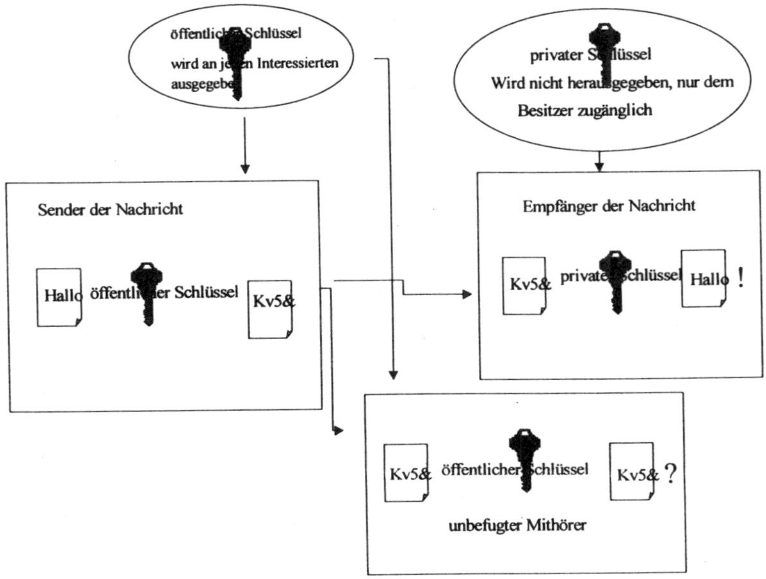

Abb. 15: Kryptografie mit öffentlichem und privatem Schlüssel

Auch in die andere Richtung funktioniert das ganz gut (vergleichen Sie bitte Abbildung 16): Der Besitzer des privaten Schlüssels verschlüsselt seine Nachricht und schickt diese an den Adressaten seiner Nachricht. Dieser kann die Nachricht dann wiederum mit Hilfe des öffentlichen Schlüssels dechiffrieren und lesen. Dabei kann sich der Empfänger der Nachricht sicher sein, daß diese Nachricht auch wirklich vom Besitzer des privaten Schlüssels stammt, da der öffentliche Schlüssel nur Nachrichten entschlüsseln kann, welche zuvor mit dem privaten Schlüssel kodiert worden sind. Eine nicht mit dem privaten Schlüssel des Besitzers verschlüsselte Nachricht kann nicht mit Hilfe des öffentlichen Schlüssels entschlüsselt werden, der Absender einer solchen Nachricht kann sich also nicht als der Besitzer des privaten Schlüssels ausgeben.

Der Vorteil dieser Regelung liegt klar auf der Hand: Sie müssen nun nicht mehr einen gemeinsamen Schlüssel austauschen, um mit anderen Personen Kontakt aufzunehmen. Wenn jemand eine Nachricht an Sie schicken will, so holt er sich aus einer Datenbank den Ihnen zugeordneten öffentlichen Schlüssel und schickt die Nachricht an Sie. Dabei kann er sich sicher sein, daß diese Nachricht nur von Ihnen gelesen werden kann. Der zeitaufwendige und sicherheitstechnisch problematische Austausch des Schlüssels vor Beginn der Kommunikation ist damit überflüssig geworden. Mit Hilfe asymmetrischer Verschlüsselungsverfahren ist man einem sicherem Transfer von Daten durchaus ein Stück näher gekommen. Diese Verschlüsselungstechniken bieten darüber hinaus auch die Möglichkeit, über das Internet versandte Nachrichten auf elektronischem Weg zu unterschreiben: Der Weg ist frei für die digitale Signatur.

Die digitale Signatur: Eine Unterschrift bitte!

Im alltäglichen Geschäftsverkehr ist es eine Selbstverständlichkeit, daß Nachrichten vom Absender unterschrieben werden. Bei vielen Nachrichten spielt das keine große Rolle, diese werden sogar oft im Auftrag oder von einem Unterschriftenautomat unterschrieben. Handelt es sich aber bei dem Schreiben um eine Bestellung, ein Angebot oder aber ein Vertragswerk, dann gewinnt die Unterschrift eine ganz neue Bedeutung: Mit der Unterschrift wird das Angebot oder der Vertrag rechtskräftig, der Unterzeichner geht mit seiner Unterschrift unter diesen Vertrag eine verbind-

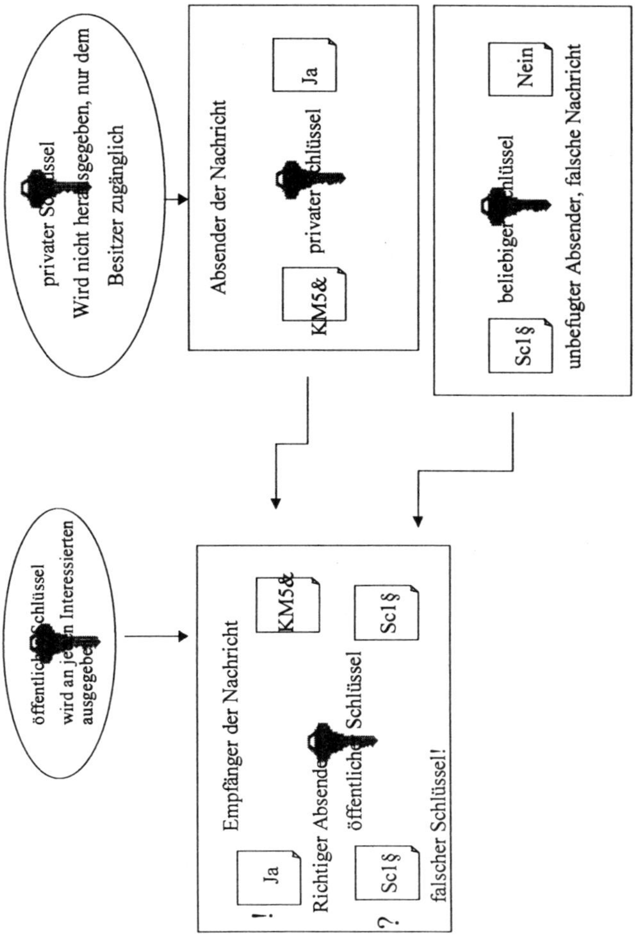

Abb. 16: Versenden einer mit dem privaten Schlüssel verschlüsselten Nachricht

liche Verpflichtung ein, die vom Vertragspartner notfalls auch gerichtlich eingeklagt werden kann. Im Gegenzug dafür erhält er auch vertraglich vereinbarte Rechte, die er ebenfalls einklagen kann. Der vorliegende Vertrag mit der rechtskräftigen Unterschrift dient dem Vertragspartner als Beweisstück zur Durchsetzung seiner Ansprüche, wobei die Echtheit der Unterschrift leicht nachgewiesen werden kann. Darüber hinaus lassen sich nachträgliche Änderungen auf dem Vertrag ebenfalls recht leicht nachweisen, vor allem, da in der Regel beide Vertragsparteien ein gültiges Exemplar des Vertrages besitzen.

Wie will man aber im Falle eines über das Internet abgewikkelten Geschäfts eine verbindliche rechtskräftige Vereinbarung eingehen und nachweisen? Wie Sie bereits wissen, haben digitale Güter die unangenehme Eigenschaft, daß diese leicht abgeändert werden können, ohne daß man dies nachweisen kann. Eine mit dem Füller geleistete Unterschrift ist einzigartig und unverwechselbar, ihre Authentizität kann jederzeit festgestellt werden (Sehen wir einmal von dem Problem ab, daß es Ehepartner geben soll, welche die Unterschrift ihres Gatten bzw. ihrer Gattin besser beherrschen als er oder sie selbst). Ein digitales Dokument besteht jedoch nur aus einer Folge von Nullen und Einsen, mit deren Hilfe sie dargestellt werden. Wie will man nachweisen, daß eine bestimmte E-Mail tatsächlich von dem angegebenen Absender stammt? Und weiter: Wie will man sicherstellen, daß diese Mail nachträglich nicht mehr verändert worden ist? Bei einem schriftlichen Vertrag gibt es zwei Exemplare, und nachträgliche Änderungen lassen sich in der Regel leicht identifizieren (oder würden Sie einen Vertrag ernst nehmen, bei dem Sie Spuren der Verwendung von Tipp-Ex feststellen?). Nicht so bei digitalen Dokumenten. Hier würde im Extremfall Aussage gegen Aussage stehen. Nehmen wir einmal an, es existiert ein über das Internet ausgetauschter Vertrag. Nun kommt es zu einem Rechtsstreit, und beide Parteien legen Kopien Ihres Vertrages vor, die inhaltlich nicht übereinstimmen. Wie will man nun nachweisen, welcher der beiden Partner den Vertrag gefälscht hat? Oder noch schlimmer: Wie will man eigentlich wissen oder nachweisen, daß der über das Internet gesendete Vertrag überhaupt von dem kommt, der er behauptet, zu sein? Das ist ein Fall für die digitale Signatur.

Das Ziel ist klar: Man braucht eine Methode, mit deren Hilfe man sowohl den Geschäftspartner eindeutig identifizieren als auch sicherstellen kann, daß die ausgetauschten Dokumente nicht nachträglich geändert werden können. Dies glaubt man mit Hilfe der digitalen Signatur erreichen zu können. Im Grunde genommen ist die digitale Signatur eine Anwendung der oben bereits beschriebenen Methode, mit einem öffentlichen und einem privaten Schlüssel zu arbeiten. Nur wird bei der digitalen Signatur nicht das Dokument selbst verschlüsselt, sondern sozusagen eine Zusammenfassung des Dokumentes.

Im einzelnen geht man folgendermaßen vor (vergleichen Sie bitte Abbildung 17): Hat man eine Nachricht erstellt, so erzeugt man mit Hilfe einer mathematischen Funktion sozusagen eine Kurzfassung des Dokumentes. Man erzeugt aus dem Dokument eine Folge von Zahlen, die je nach Beschaffenheit des Dokuments eine andere Form annehmen wird. Welche Funktion dabei verwendet wird, ist unwesentlich, solange beide Vertragspartner wissen, um welche Funktion es sich handelt. Nun verschlüsselt der Absender der Nachricht diese Zahlenfolge mit Hilfe des privaten Schlüssels. Als Ergebnis erhält man eine private digitale Signatur, die nun zusammen mit dem Dokument (das man bei Bedarf verschlüsseln kann, aber nicht muß) an den Adressaten geschickt wird. Der entschlüsselt die digitale Signatur mit Hilfe des öffentlichen Schlüssels und erhält die Zahlenreihe, welche aus dem vom Absender versendeten Dokument erzeugt wurde. Nun nimmt er die ihm bekannte mathematische Funktion und wendet diese auf das Dokument an. Stimmen die Werte, die er auf diesem Weg erhält, mit den Werten überein, die er bei der Entschlüsselung der digitalen Signatur erhalten hat, so kann er sich sicher sein, daß das Dokument tatsächlich vom Besitzer des privaten Schlüssels stammt und nachträglich nicht verändert worden ist.

Entspricht der Wert, den der Empfänger des Dokuments bei der Anwendung der mathematischen Funktion auf dieses Dokument erhält, nicht dem Wert der digitalen Signatur, so ist die Nachricht nachträglich geändert worden oder stammt gar nicht vom Besitzer der digitalen Signatur.

Insgesamt erweist sich das Verfahren, Nachrichten oder Signaturen mit zwei verschiedenen Schlüsseln zu kodieren, als recht leistungsfähig. Dennoch sind noch einige Hürden zu überwinden, bevor sich dieses Verfahren als Standard im elektronischen Geschäftsverkehr etablieren kann. Ein Problem besteht noch darin, daß man einen eindeutigen Zusammenhang zwischen dem privaten Schlüssel und dessen Besitzer herstellen muß. Stellen Sie sich einmal vor, Sie schließen mit einem Ihnen unbekannten Anbieter einen Vertrag. Damit Sie die digitale Signatur Ihres Geschäftspartners verifizieren können, brauchen Sie dessen öffentlichen Schlüssel. Schön und gut, aber woher wissen Sie, daß der öffentliche Schlüssel, den Sie in der Hand halten, auch tatsächlich zu dem privaten Schlüssel Ihres Geschäftspartners gehört? Die beste Verschlüsselung nützt Ihnen nichts, wenn Sie mit dem falschen Gesprächspartner kommunizieren. Und das kann Ihnen im Internet recht schnell passieren. In den unüberschaubaren Weiten des Internet brauchen sie deshalb eine Institution, welche die Fülle öffentlicher Schlüssel verwaltet und garantiert, daß die Schlüssel, die man im Geschäftsverkehr mit seinen Partnern benutzt, auch wirklich zu diesen gehören. Das ist eine wichtige und umfangreiche Aufgabe, zu wichtig, als daß der Staat meint, daß man sie einfach dem Markt überlassen könnte. Und so hat die Bundesrepublik Deutschland als erstes Land der Welt seit 1997 ein Gesetz, in welchem das Verfahren zur digitalen Signatur geregelt wird. Das lohnt einen näheren Blick.

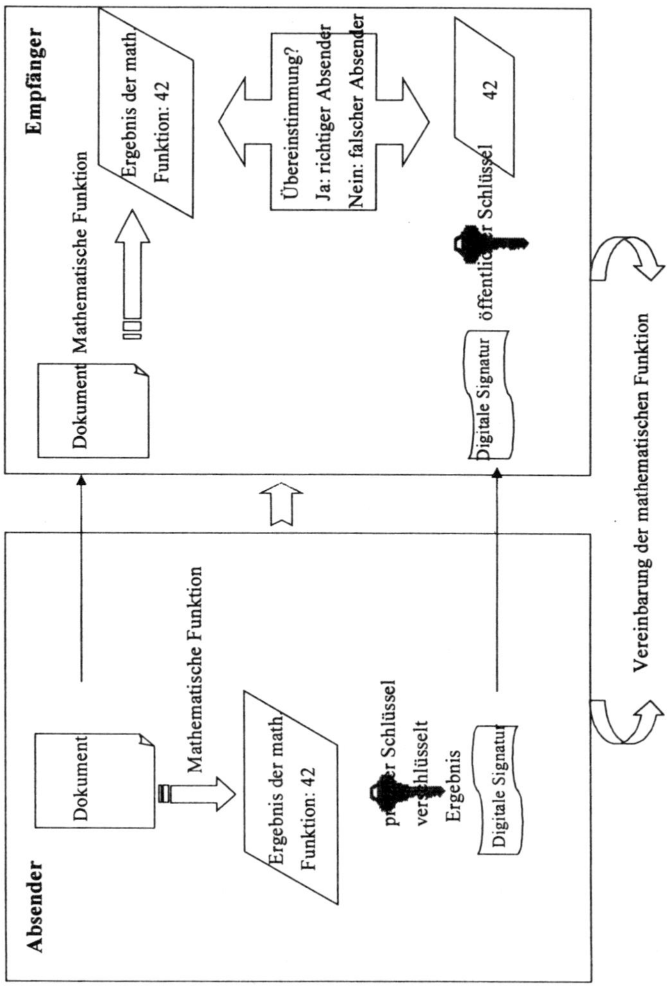

Abb. 17: Die digitale Signatur

Ein öffentlicher Schlüsselbund

Seit 1997 verfügt die Bundesrepublik Deutschland über eines der modernsten Multimediagesetze, das sogenannte Informations- und Kommunikationsdienstegesetz (IuKDG). Es stellt ein Mantelgesetz dar und enthält drei neue Gesetze: Das Teledienstegesetz, das die grundlegenden rechtlichen Rahmenbedingungen für die neuen Multimediadienste enthält (Definition der Dienste, Sicherstellung der Zugangsfreiheit und Bestimmung der Verantwortlichkeit der Diensteanbieter); das Teledienstedatenschutzgesetz, welches den Schutz personenbezogener Daten bei Telediensten regelt, und das Gesetz zur digitalen Signatur, dessen Ziel es ist, einen rechtlich anerkannten Sicherheitsstandard für den elektronischen Geschäftsverkehr zu etablieren

Das Signaturgesetz umschreibt die Rahmenbedingungen für den sicheren Einsatz der digitalen Signatur im Rechts- und Geschäftsverkehr und regelt die Bereitstellung der öffentlichen Schlüssel in sogenannten Zertifizierungsstellen (Trust Center). Deren Aufgabe ist es, den öffentlichen Schlüssel dem allgemeinen Publikum zugänglich zu machen und sicherzustellen, daß der jeweilige öffentliche Schlüssel auch eindeutig dem Besitzer des privaten Schlüssels zugeordnet werden kann. Welche Leistungen bietet eine Zertifizierungsstelle an?

Zuerst übernimmt die Zertifizierungsstelle die Generierung des privaten und öffentlichen Schlüssels. Dann weist sie nach eindeutiger Identifizierung einem Benutzer ein Schlüsselpaar zu. Zwar kann der Benutzer des Schlüssels ein Pseudonym beantragen, muß sich aber zumindest gegenüber der Zertifizierungsstelle eindeutig ausweisen, so daß hier ein eindeutiger Zusammenhang zwischen der verwendeten Signatur und ihrem Benutzer hergestellt werden kann. Sodann erstellt die Zertifizierungsstelle ein Zertifikat, das ein Identifizierungsmerkmal für den Teilnehmer sowie den öffentlichen Schlüssel enthält. Diese Zertifikate werden in einem Verzeichnisdienst vorgehalten und sind dort für jedermann abrufbar. Tritt man nun mit einem unbekannten Geschäftspartner in Kontakt, so erhält man bei der Zertifizierungsstelle eine Bestätigung dafür, daß der öffentliche Schlüssel, mit dem man die Nachrichten Ihres neuen Geschäftspartners entschlüsselt, auch tatsächlich diesem zugeordnet ist. Insofern es notwendig werden könnte, bestimmte Nachrichten mit einem Zeitstempel zu versehen, übernehmen die Zertifizierungsstellen auch diesen Service.

Die Zertifizierungsstelle stellt also quasi eine Art öffentlicher Schlüsselbund im doppelten Sinne dar: Alle öffentlichen Schlüssel von Teilnehmern im elektronischen Geschäftsverkehr werden der Öffentlichkeit zur Verfügung gestellt. Sie sehen, eine Zertifizierungsstelle erfüllt vor allem die wichtige Aufgabe, dafür zu sorgen, daß jeder öffentlicher Schlüssel eindeutig einem Besitzer zugeordnet wird und daß man diesen Schlüsselbesitzer eindeutig identifizieren kann. Bei dieser wichtigen Rolle der Zertifizierungsstellen überrascht es nicht, daß nicht jeder Computerbesitzer oder Kioskbetreiber eine solche Zertifizierungsstelle eröffnen darf. So fordert das Signaturgesetz bestimmte Voraussetzungen für die Betreiber solcher Einrichtungen, unter anderem einen Nachweis der beruflichen Qualifikation sowie ein Führungszeugnis. Durch eine Überwachung der Betreiber von Zertifizierungsstellen hofft der Staat, Mißbrauch und Schäden für die Nutzer der digitalen Signatur abzuwenden. Aber Vorsicht: der Staat hat eventuell noch andere Interessen, derentwegen er sich aktiv in das Geschäft mit der digitalen Signatur einmischen möchte. Es geht um ein heikles Thema: Die öffentliche Sicherheit. Wie kann etwas so nützliches wie Kryptographie der öffentlichen Sicherheit schaden?

Braucht der Staat einen Zweitschlüssel?

Geheimhaltung ist etwas wunderbares, kann man doch all die Dinge, von denen man nicht möchte, daß andere Leute diese erfahren, vor den Augen der Öffentlichkeit verbergen. Aber genau hier kommen dem Staat Bedenken: Wer sind denn in der Regel Leute, die ihre Aktivitäten vor den Augen der Öffentlichkeit verbergen wollen? Das sind nicht nur Geschäftsleute und Liebende, sondern leider auch Kriminelle, das organisierte Verbrechen oder gar Terroristen, welche die Segnungen der Kryptographie nur zu gerne dazu nutzen, ihre dunklen Geschäfte ungestört von den Verfolgungsbehörden über das Internet abzuwickeln. Und wenn die bisher besprochenen Verfahren wirklich so sicher sind, wie die Experten behaupten, so könnte dies erhebliche Probleme für die Strafverfolgungsbehörden aufwerfen, da sie nun nicht mehr in der Lage sind, diesen Personengruppen durch ein Abhören des Geschäftsverkehrs auf die Schliche zu kommen oder auf diesem Wege schlagkräftige Beweise gegen Kriminelle zu erhalten. Konnte man früher noch durch Beschlagnahme der Geschäftspost oder durch Abhören der Telefone Verdächtiger Anhaltspunkte und Beweise sammeln, so dürfte dies mit dem Aufkommen wirksamer kryptographischer Verfahren unmöglich werden.

Das sind ziemlich unangenehme Aussichten für den Staat, weswegen es auch nicht verwundert, daß von einigen Seiten gefordert wird, daß eine Kopie des privaten Schlüssels, der normalerweise nur im Besitz des Eigentümers ist (die Zertifizierungsstelle ist angewiesen, nach der Generierung des Schlüssels und der Übergabe desselben an den Kunden den privaten Schlüssel zu vernichten), bei einer staatlichen Stelle hinterlegt werden muß. Mit Hilfe dieses Zweitschlüssels könnte der Staat im Falle ernsthafter Verdachtsmomente den Internet-Verkehr der Verdächtigen abhören und hätte somit wieder mehr Möglichkeiten in der Strafverfolgung. Was halten Sie von dieser Idee?

Natürlich gibt es von vielen Seiten her Widerspruch gegen eine gesetzlich verordnete Hinterlegung des privaten Schlüssels bei staatlichen Behörden, und die Argumente liegen auch auf der Hand: Da ist zum einen die Angst vor einem Überwachungsstaat - allerdings offenbart diese Befürchtung eine gehörige Portion (gerechtfertigtes?) Mißtrauen gegen den eigenen Staat - und zum anderen die Befürchtung, daß allein die Existenz eines Zweitschlüssels die Sicherheit der digitalen Signatur gefährdet. Diese Befürchtung ist nicht ganz unberechtigt: Überlegen Sie einmal, was passiert, wenn es jemandem gelingt, sich Zugang zu dem staatlichem Archiv zu verschaffen, in dem sämtliche Zweitschlüssel aufbewahrt werden. Die Folgen wären schlicht gesagt katastrophal. Oder überlegen Sie einmal, wenn es nur einen unzuverlässigen Mitarbeiter in diesem Zweitschlüsselarchiv gibt, der entweder aus Schluderei oder aus Geldgier einzelne Zweitschlüssel an unbefugte Dritte herausgibt. Allein die Befürchtung vor solchen Entwicklungen könnte schon dazu führen, daß das Mißtrauen gegen Kryptographie so groß wird, daß dieses an für sich nützliche Verfahren von der Bevölkerungsmehrheit abgelehnt wird. Das würde das Aus für den elektronischen Geschäftsverkehr bedeuten.

So verwundert es nicht, daß die Industrie in den Vereinigten Staaten heftigen Widerstand gegen die Pläne der Clinton-Regierung leistet, eine Schlüsselhinterlegung in den USA einzuführen. Allein durch die Exportbeschränkung bei der Verschlüsselungstechnik habe man bereits Milliarden von Dollar an die Auslandskonkurrenz verloren. Eine Schlüsselhinterlegung würde den elektronischen Geschäftsverkehr hemmen und weitere Milliardenverluste für die Industrie bedeuten. Die Kosten eines Schlüsselhinterlegungssystems in den USA werden von der dortigen Industrie auf etwa 38 Milliarden US-Dollar in den ersten fünf Jahren geschätzt. Darüber hinaus erwartet man, daß man bei der Einführung eines solchen Systems 35 Milliarden Dollar an die ausländische Konkurrenz verliert.[2]

Aber es gibt noch weitere Argumente gegen eine Zweitschlüsselhinterlegung. Überlegen Sie einmal, wem man mit Hilfe einer solchen Maßnahme auf die Schliche kommen will: Personen, welche kriminelle Handlungen begehen oder zumindest die Bereitschaft dazu haben. Aber genau diese Personen werden sich um eine Hinterlegungspflicht Ihres Zweitschlüssels nicht weiter kümmern, wieso sollten Sie? Man tauscht ohne Einschaltung einer Zertifizierungsstelle die notwendigen Schlüssel aus und verschlüsselt seine Nachrichten ohne Einschaltung staatlicher Organe. Das mag dann zwar illegal sein, aber wieso sollten Leute Straftaten mit erheblichen Folgen begehen, sich aber gleichzeitig Gedanken wegen Verstößen gegen ein Telekommunikationsgesetz machen? Diese Überlegung erscheint nicht ganz unbegründet. Mal im

Ernst: Sie planen einen Banküberfall und machen sich Gedanken, ob der Fluchtwagen im Halteverbot steht?

Und es kommt noch dicker: Mittlerweile gibt es Verfahren der Verschlüsselung, die so weit gediehen sind, daß Außenstehende noch nicht einmal merken, daß hier geheime Botschaften ausgetauscht werden. Das Zauberwort hierfür heißt Steganographie.

Steganographie bezeichnet eine Technik, Nachrichten zu übermitteln, indem man sie in Bildern versteckt. Das muß man sich ungefähr so vorstellen: Zuerst tauscht man mit seinem zukünftigen Gesprächspartner ein Bild aus. Anschließend schickt man ihm über das Internet wieder das gleiche Bild, nur wird in den Daten, mit denen das Bild übertragen wird, die eigentliche Nachricht versteckt. Durch die versteckte Nachricht sieht das Bild nun geringfügig anders aus als das Original, indem beispielsweise der Hintergrund etwas heller ist. Für einen Außenstehenden ist nun gar nicht klar geworden, daß dort Nachrichten ausgetauscht worden sind, er registriert nur, daß ein Bild verschickt worden ist. Der Empfänger des Bildes hingegen vergleicht mit Hilfe seines Rechners das empfangene Bild mit dem Original und kann anhand der Abweichungen zum Original die im Bild versteckte Nachricht elektronisch herausfiltern. Was will die Überwachungsbehörde in so einem Fall ausrichten? Da nützt das beste Zweitschlüsselarchiv nichts.

Wir halten es auch für falsch, das Internet nun dafür verantwortlich zu machen, daß es mit der öffentlichen Sicherheit bergab geht (tut es das?). Um es genau zu sagen: Das Internet erleichtert unter Umständen kriminelle Handlungen, aber dies trifft auf viele technische Neuerungen zu. Überlegen Sie einmal, wie komfortabel Banküberfälle wurden, nachdem das Auto erfunden war. Trotzdem wäre niemand auf die Idee gekommen, das Autofahren deswegen zu verbieten, weil Autos zur Verübung von Verbrechen genutzt werden. Und vielleicht wird das Internet ja auch die Möglichkeiten der Strafverfolgungsbehörden verbessern, alleine schon durch die bessere Kommunikation und Koordination mit anderen Strafverfolgungsbehörden im In- und Ausland, welche durch das Internet ermöglicht werden.

Trotz dieser Argumente ist das Thema der Zweitschlüsselhinterlegung noch immer aktuell. Viele Staaten sehen in kryptographischen Verfahren eine Bedrohung der nationalen Sicherheit: so sind diese Verfahren beispielsweise in Rußland und Frankreich verboten, und die Vereinigten Staaten verbieten die Ausfuhr leistungsfähiger Kryptographie-Verfahren (Was beispielsweise zu der bizarren Situation führt, daß amerikanische Professoren in Gegenwart ausländischer Studenten nicht über Kryptographie referieren dürfen). Dieses Thema wird die Politik mit Sicherheit noch eine Weile beschäftigen. Dabei könnte allerdings leicht in Vergessenheit geraten, daß auch Kryptographie keine vollständige Sicherheit vor Datendieben oder Cyberbetrügern bieten kann. Schauen wir uns doch einmal die Schwachstellen dieses Verfahrens an.

Strahlende Aussichten für Datendiebe

Haben Sie eine Euroscheckkarte oder eine Kreditkarte mit Geheimnummer? Mal ganz ehrlich: wo bewahren Sie die notwendige Geheimnummer auf? Im Kopf? Falls ja, so sind Sie einer der wenigen, die begriffen haben, daß die größte Schwachstelle bei Sicherheitssystemen in der Regel zwei Beine hat und Fehler begeht. Nicht jeder schreibt zwar seine Geheimnummer auf die Rückseite der Geldkarte, und auch nur wenige kommen auf die Idee, diese im privaten Adressbüchlein unter dem Eintrag "Geheimnummer" aufzubewahren, aber eines machen diese Beispiele klar: Ein Sicherheitssystem ist immer nur so sicher wie die schwächsten Glieder in der Kette. Und diese Probleme existieren auch bei der Anwendung kryptographischer Verfahren. Die Schwachstellen dieser Verfahren sind vor allem bei den Besitzern des privaten Schlüssels zu suchen. Hier besteht das Problem, daß der private Schlüssel irgendwo gelagert werden muß und damit die Gefahr besteht, daß Dritte sich diesen widerrechtlich aneignen. Eine technische

Möglichkeit, diesem Problem auszuweichen, besteht in der Einführung einer Chipkarte, welche den privaten Schlüssel enthält und darüber hinaus durch ein Paßwort vor dem Zugriff Dritter geschützt ist. Und wenn man nun noch das leidige Paßwortproblem umschiffen will, so bietet sich die Einführung sogenannter biometrischer Verfahren an. Hierbei wird der Zugang zum auf der Karte enthaltenem Schlüssel erst nach Überprüfung biologischer Merkmale wie z.B. dem Finger- oder Augenabdruck gewährt. Erste Verfahren hierzu sind bereits in der Erprobung.

Aber es gibt eine weitere Schwachstelle im elektronischen Geschäftsverkehr, und das sind die Endgeräte und die Leitungen selbst. Ohne tiefer in die Physik einzusteigen (dies möchten wir lieber den Physikern überlassen) besteht das Problem grob gesagt darin, daß alle elektronischen Geräte elektromagnetische Strahlungen absenden, welche in der näheren Umgebung registriert werden können. Und diese Strahlungen tragen auch Informationen über die gerade verarbeiteten Daten weiter. Diese verräterischen Emissionen verlassen auf drei Wegen Ihr Computersystem: Durch Abstrahlungen in die Atmosphäre, durch leitungsgeführte Emissionen und über Emissionen durch metallische Versorgungsstränge (beispielsweise die Heizung oder die Klimaanlage). Durch einfache Technik lassen sich diese Abstrahlungen auffangen und die in ihnen enthaltenen Informationen herausfiltern.

Mit ein bißchen Heimwerkertechnik läßt es sich in der Tat bewerkstelligen, die Abstrahlungen eines Computermonitors mit einem anderen Monitor, der in einer Entfernung von bis zu 20 Metern steht, das Bild des fremden Monitors einzufangen und auf den Bildschirm zu bringen. Um es simpler zu sagen: Wenn irgendwo auf einem Bildschirm wichtige Daten abgebildet werden, so ist man mit der entsprechenden Technik in der Lage, alle Abbildungen, die auf diesem Bildschirm erscheinen, unbemerkt auf einem zweiten Bildschirm zu reproduzieren. Das dazu benötigte Material kostet etwa 1000 DM, das Know-how, das man dazu benötigt, bewegt sich auf der Ebene eines gelernten Radio- und Fernsehtechnikers oder E-Technik-Studenten. Mit entsprechender

Technik läßt sich die Entfernung, in der Sie den zweiten Monitor aufstellen können, auf bis zu 250 Meter ausweiten.

Das ist natürlich für jeden Sicherheitsbeauftragten ein Schreckbild: Man liest oder bearbeitet wichtige Daten auf dem Bildschirm, ohne zu wissen, daß jemand auf einem zweiten Bildschirm in sicherer Entfernung alle Arbeitsschritte mitverfolgen kann. Noch problematischer wird es, wenn es Unbefugten gelingt, die Leitungen des Netzwerkes anzuzapfen. Da die kompromittierenden Abstrahlungen auch über Heizungsrohre, Strom- oder Telefonleitungen abgeben, genügt ein einfaches Anzapfen dieser Leitungen mit einem anschließendem Aufbereiten der dort angezapften Signale, um dem Datenklau Tür und Tor zu öffnen. Ein kleiner Piekser mit der Nadel in die Telefonleitung oder eine einfache Erdungsschelle im Heizungskeller bringt den zuständigen Sicherheitsdienst mächtig ins Schwitzen. Insgesamt ist der technische und finanzielle Aufwand, der notwendig ist, um die Abstrahlungen eines Rechnernetzes abzuhören, genauso gering wie das dazu notwendige Fachwissen. Natürlich gibt es auch technische Maßnahmen, mit deren Hilfe man die Abstrahlungen eines Computers reduzieren kann, so zum Beispiel abstrahlsichere Arbeitsplatzrechner (sogenannte Tempest-Pcs), die kosten dann allerdings eine Menge Geld, nämlich bis zum vierfachen des Preises für normale Rechner.

Doch oft ist noch nicht einmal der Einsatz großartiger Technik nötig, um einem Unternehmen die Geheimnisse seiner Datenspeicher zu entreißen. Die Schwachstellen sind meistens menschlicher Natur: Der vergeßliche Mitarbeiter, die nachlässige Sekretärin, der Mitarbeiter in Geldnöten oder aber der bei einer Beförderung übergangene Mitarbeiter sind stete und rege Quellen des Datenverlustes. Oft ist es erstaunlich, wieviel Geld Unternehmen in die Sicherheit ihres Datenbestandes investieren, um anschließend zu übersehen, daß die Sicherungskopien der Geheimdaten offen auf dem Schreibtisch herumliegen, natürlich mit der entsprechenden Aufschrift auf der Diskette. Dazu kommen noch mangelhafte Maßnahmen beim Schutz des firmeninternen Datennetzes vor Eindringlingen aus dem Internet. So reicht ein einfacher Paßwortschutz in der Regel nicht aus, um ein Eindringen Unbefugter über das Internet zu verhindern. Hierzu gibt es spezielle Hard- und Softwarekonzepte, welche das Eindringen in Firmenrechner erschweren sollen, beispielsweise sogenannte Firewalls, Rechner, welche den Kontakt des firmeninternen Intranets mit der Außenwelt (dem Internet) kontrollieren.

Diese Überlegungen machen deutlich, daß trotz des Einsatzes von Kryptographie das Internet weit davon entfernt ist, vollständige Sicherheit vor Manipulation oder Diebstahl von Daten zu bieten. So viele Möglichkeiten des Datenklaus oder -verlustes könnten einem doch die Lust am Internet verhageln. Sollte man deshalb auf den Einsatz des Internet lieber verzichten? Lassen sie uns zum Abschluß dieses Kapitels kurz über den Sinn und Unsinn von Maßnahmen zum Datenschutz nachdenken.

Wieviel Sicherheit braucht der Mensch?

Auf den ersten Blick scheint die Beantwortung der in der Überschrift gestellten Frage klar. Man möchte soviel Sicherheit wie nur irgendwie möglich. Das tatsächlich in Anspruch genommene Ausmaß an Sicherheit wird allerdings auch entscheidend davon abhängen, was die dazu notwendigen Maßnahmen kosten. Das optimale Ausmaß an Sicherheit für Daten definiert sich doch dadurch, daß der Nutzen, den die Sicherheitsmaßnahmen stiften, ihren Kosten entspricht. Die Kosten der Sicherheitstechnik sind leicht zu bestimmen, und auch der Nutzen liegt auf der Hand: Er bestimmt sich durch den Wert der zu verschlüsselnden Daten. Je wertvoller die Informationen sind, die zu schützen sind, um so tiefer sollte man für den Schutz dieser Daten in die Tasche greifen.

Wieviel muß man investieren, um bestimmte Daten absolut sicher zu machen? Diese Frage ist etwas irreführend gestellt. In der Regel wird es kaum gelingen, Daten mit absoluter Sicherheit gegen Diebstahl oder Manipulation zu schützen. Das dürfte auch in den wenigsten Fällen wirklich notwendig sein. Man muß das Sicherheitsniveau für Daten lediglich in einer solchen Höhe ansetzen, daß die Kosten eines Datendiebstahles höher werden als der damit verbundene Nutzen. Um es einmal plastisch zu machen: Wieviel Geld und Energie wären Sie bereit zu investieren, um die E-Mail Ihres Nachbarn zu lesen? Hier dürfte die Verwendung eines oben beschriebenen Veschlüsselungsverfahren völlig ausreichend sein, um Sie davon abzuhalten, die Privatsphäre Ihres Nachbarn auszuloten.

Und auch bei vielen Unternehmen dürfte die Kombination von Kryptographie mit einem anständigem Sicherheitsmanagement vor Ort durchaus ausreichend sein, um die Gefahr potentieller Industriespionage in Grenzen zu halten. Der Verzicht auf das Internet nur aus Datenschutzgründen macht keinen Sinn: Man vermeidet zwar einen Datendiebstahl auf elektronischem Weg, aber glauben Sie, daß man Industriespionage dadurch unterbinden kann? Wir nicht. Wer die kriminelle Energie aufbringt, sich in eine Datenleitung einzuklinken oder Chiffrierschlüssel zu knakken, der hat auch genügend Einsatzwillen, um sich unbefugten Zugang zu Aktenschränken zu verschaffen. Auch halten Experten die digitale Signatur für wesentlich sicherer als die herkömmliche Unterschrift, deren Fälschung oft erst auffliegt, wenn es zu spät ist.

Mit anderen Worten: Auf die Nutzung des Internet zu verzichten würde bedeuten, das Kind mit dem Bade auszuschütten. Auch alle anderen Arten der Kommunikation unterliegen immer der Gefahr, abgehört zu werden. Beim Schutz dieser Kommunikation kann es nicht darum gehen, absolute Sicherheit herzustellen, sondern eine Sicherheit, welche dem Wert und der Wichtigkeit der übermittelten Informationen angemessen ist. Diese Faustregel gilt für jegliche Art von Sicherheitsmaßnahmen. Problematisch bleibt allerdings der Einwand, daß im Internet ein rechtsfreier Raum entstehen könnte, der vom Staat nicht mehr zu kontrollieren ist. Wie wir gesehen haben, kann das Verbot von Kryptographie dies wohl nicht verhindern.

Anmerkungen

1 Eine einfache Methode für Besitzer einer Textverarbeitung: Vereinbaren Sie mit Ihrem Gesprächspartner einen Modus, nach dem Sie einen Buchstaben gegen den anderen austauschen (z.B. das 'a' durch ein 'x' ersetzen, usw.). Den notwendigen Ersetzungsvorgang lassen Sie dann von Ihrem Textverarbeitungsprogramm mit dem Befehl 'Ersetzen' vornehmen. Ihre Nachricht wird vom Textverarbeitungssystem dann automatisch kodiert und kann von Ihrem Partner mit dem selben Befehl wieder entschlüsselt werden

2 Quelle: Frankfurter Allgemeine Zeitung Nr. 135 vom 15.06.1998, S. 21.

8. Ist das Internet sozialverträglich?

Im Rahmen der Technikfolgenabschätzung wird untersucht, ob neue Techniken aus gesellschaftlicher Sicht nützlich oder gefährlich sind bzw. wie man sie sinnvoll nutzen kann. In den Wirtschaftswissenschaften spricht man dann von *Wohlfahrtssteigerung* oder - noch etwas unverständlicher - von *Pareto-Verbesserung*. Damit ist gemeint, daß die neuen Techniken so angewandt werden, daß zumindest kein Gesellschaftsmitglied schlechter gestellt ist als vorher, aber einige besser. Wie Sie sich leicht vorstellen können, ist dies ein sehr hoch gestecktes Ziel. Auf den ersten Blick könnte man sogar vermuten, daß es sich gar nicht erreichen läßt. In der Tat erweist es sich in der Praxis als schwierig, diesen Anspruch auch zu erfüllen. Ob und wie dies bei der Nutzung des Internet aussieht, muß daher geprüft werden. Bei dieser Prüfung geht es darum, die Schwächen und Probleme des Internet in bezug auf soziales Verhalten und soziale Interaktionen hin zu untersuchen.

Trau schau wem!

Seit Ende der sechziger Jahre spielen die Begriffe *Herstellung von Öffentlichkeit* und *politische Kommunikation* in unserem sozialen Gefüge eine wichtige Rolle, wobei Kommunikation das Instrument darstellt, mit dessen Hilfe Öffentlichkeit hergestellt werden kann. Dieses Instrument kann aber nicht nur zur Information, sondern auch zur Desinformation verwendet werden.

Dazu ein naheliegendes Beispiel: Der Krieg im Kosovo wird damit gerechtfertigt, daß ethnische Säuberungen durchgeführt werden, die eine Verletzung elementarer Menschenrechte darstellen. Wir wissen etwas darüber, weil die Medien - und zu ihnen gehört natürlich auch das Internet - uns mit Bildern einen nachhaltigen Eindruck davon verschaffen. Aber nicht nur die Nato dokumentiert dies im Internet, sondern zur gleichen Zeit kann man sich mit einem Klick auf die entsprechenden serbischen Internet-Seiten begeben und dort die Gegenmeinung lesen und sehen. Welche dieser widersprüchlichen Informationen sind richtig? Wir können es als Laien nicht so ohne weiteres feststellen. Genau dieses Problem ergibt sich nicht nur in diesem Spezialfall, sondern ist typisch für moderne politische Kommunikation. Man könnte es mit einer Metapher beschreiben: Newtons berühmtes Gesetz '*actio est reactio*' - jede Kraft schafft eine Gegenkraft, die ihr exakt entgegengesetzt wirkt - scheint gerade auch in diesem Bereich zu gelten!

Das führt uns zu einem zentralen Problem: *Was ist Wahrheit*? Vermutlich ist diese Frage so alt wie die Menschheit - man findet sie schon in der Bibel. Man kann sie beantworten, wie Akira Kurosawa dies in seinem berühmten Film Rashamon getan hat: Es gibt keine objektive Wahrheit, sondern nur subjektive Wahrheiten! Aber hilft uns das bei unserem Problem - der Informationsflut und -vielfalt - wirklich weiter? Wir befürchten, die Antwort lautet nein. Und gerade darin liegt eines der gravierendsten Probleme des Internet. Sie können dort auf nahezu alle für das Leben und die Welt wichtigen Fragen alle Arten von Antworten bekommen. Selbst für einfache Fakten kann das gelten. Daher die Frage: Wem kann man vertrauen? Ist das Internet nicht gefährlich, wenn es in der Lage ist, das vermeintliche Wissen obskurer Sekten grenzenlos mit Lichtgeschwindigkeit zu verbreiten? Wieso soll es dadurch allen besser gehen? Wäre es nicht vielmehr erforderlich, daß irgendjemand, z.B. der Staat, die Aufsicht und Verantwortung dafür behält, was verbreitet werden darf?

Diese Überlegungen zeigen, wie schnell man zu einer Befürwortung von Zensur kommen könnte! Wir warnen davor, diesen Schluß zu ziehen. Natürlich kann, soll und muß der Staat mit seiner Autorität darauf achten, daß die Bestimmungen des Strafgesetzbuches eingehalten werden. Allerdings sind die Maßnahmen dazu recht eingeschränkt. Was bedeutet das für den einzelnen? Ganz einfach: Wenn die Freiheit zunimmt, wächst die individuelle Verantwortung! Letzten Endes bedeutet das, daß nur jeder einzelne *user* dafür verantwortlich sein kann, was er liest und für richtig hält. Universelle Information, wie sie durch das Internet möglich wird, ist zunächst einmal weder moralisch gut noch schlecht; sie stellt nur eine wirre Folge von Bits und Bytes dar. Der Wert der Information ergibt sich erst durch ihre Verwendung. Genau so wie ein Brotmesser zu den verschiedensten Tätigkeiten verwendet werden kann, ist dies auch mit Information möglich.

Zwei Fragen bleiben dennoch: Wie ist das mit Kindern? Werden sie nicht durch diese Fülle ungeeigneter Information völlig überfordert? Und dann noch: Wie kann ich entscheiden, wem ich vertrauen kann, wenn es um faktische Information geht?

Die erste Frage ist sehr einfach zu beantworten. Die Eltern haben die Aufgabe, in gewissen Grenzen zu entscheiden, was ihrem Kind zugemutet werden kann und was nicht. Daraus entwickelt sich eine Erziehungsaufgabe, wie sie z.B. beim Fernsehen und anderen Medien auch prinzipiell besteht. Was Erziehung leisten kann ist, daß die Kinder mündig im Umgang mit Informationen gemacht werden. Das bedeutet, daß sie lernen müssen, mit unnützen und eventuell sogar schädlichen Angeboten umzugehen. Natürlich ist das keine leichte Aufgabe - aber was ist schon in der Erziehung leicht? Anfangs zumindest kann man Vorsorge treffen und mittels verfügbarer Software alles das herausfiltern, was unverdaulich scheint. Aber geben Sie sich nicht der Illusion hin, daß damit das Problem gelöst sei. Im Gegenteil! Besser ist es, mit den Kindern anhand des Internet aufzuzeigen, wie man zwischen den Angeboten wählt, welche man sich anschaut und auf welche man besser verzichtet. Nur wenn die Kinder dies lernen, sind sie gegen die Informationsflut und -vielfalt gewappnet. Und Sie wissen ja:

Selbst wenn Sie zu Hause keinen Internetzugang haben, der Schulcomputer hat ihn.

Nun zur zweiten Frage: Wem kann man vertrauen? Hier hilft nur ein sehr altes Prinzip weiter: *Reputation*. Es gibt eine ganze Reihe von Institutionen, die sich durch eine lange Zeit 'wahrheitsgetreuer' Information einen guten Ruf erworben haben, z.B. das Statistische Bundesamt. Dadurch aber wird es für diese Institution sehr teuer, faktisch falsche Informationen auszustreuen, weil sie dann ihren guten Ruf sehr schnell verlieren kann. Mit dieser Gefahr im Rücken werden diese Institutionen schon überlegen, ob sie zweifelhafte Informationen in die Welt setzen. Daher gilt auch weiterhin die alte Maxime *'Trau schau wem!'*

Zuletzt zu diesem Gebiet noch eine Anmerkung: Versuchen Sie immer, gleich welches Medium es betrifft, zwischen *faktischer Information* und *Meinung* zu unterscheiden. Die wirklich guten Bereitsteller von Information bemühen sich, diese beiden Dinge streng auseinanderzuhalten. Wird das nicht getan, sollte man sehr vorsichtig sein - und sich lieber woanders informieren.

Soziale Vereinsamung?

Eine weitere schwer zu beantwortende Frage ist, ob die Kommunikationsmöglichkeiten über das Internet zu einer Verarmung an Sozialkontakten führen. Es soll schon Fälle von Internet-Abhängigkeit geben, wobei die betroffenen Personen ein suchtähnliches Verhalten zeigen und sozusagen am Netz hängen. Ist das ein tatsächliches Problem? Werden wir ein Volk von Einzelgängern, das nur noch *virtuelle* Kontakte nach außen hat?

Die Entwicklung und Verbreitung des Fernsehens kann als Beispiel dafür betrachtet werden, wie ein solches Kommunikationsmedium in die sozialen Kontakte eingreifen und das Leben verändern kann. In den fünfziger Jahren hätte man sich kaum vorstellen können, welch großen Raum das Fernsehen einmal einnehmen wird. Ist das nicht ein gutes Beispiel dafür, wie ein Kommunikationsmedium die soziale Kommunikation umkrempeln kann?

Von den technischen Möglichkeiten her gesehen ist das Fernsehen dem Internet gleichzeitig (noch) überlegen und unterlegen. Die Überlegenheit rührt daher, daß das Fernsehen bewegte Bilder aussendet, was auf Grund der geringen Bandbreiten im Internet noch auf große Probleme stößt. Die Unterlegenheit des Fernsehens zeigt sich demgegenüber in der nur einseitigen Kommunikation zwischen Sender und Empfänger. Die Empfänger der Programme haben weder einen direkten und unmittelbaren Einfluß darauf, was gesendet wird, noch können sie sich interaktiv mit dem Sender oder anderen Zuschauern in Verbindung setzen – es sei denn über Telefon oder Fax. In dieser Hinsicht eröffnet das Internet neue Möglichkeiten. Man kann bereits heute schriftlich und mündlich direkt über das Internet kommunizieren und man hat prinzipiell die Möglichkeit, das Programm zu beeinflussen oder gar zu gestalten.

Allerdings läßt sich beobachten, daß Kneipen, Restaurants und andere Orte der Kommunikation nicht weniger ausgelastet sind als früher, in der Internet-losen Zeit. Im Gegenteil, es gibt eine Reihe von Internet-Cafes, die den Besuchern neben der Möglichkeit zum direkten Gespräch per Computer einen Zugang zum Internet bieten. Offensichtlich kann ein Medium wie das Internet den direkten sozialen Kontakt nicht ersetzen. Aber es kann etwas anderes, nämlich die Kontaktsuche und –aufnahme vereinfachen. Nicht selten kommt es vor, daß Internet-Bekanntschaften von der virtuellen auf die reale Ebene transportiert und dort fortgesetzt werden. Es deutet sich an, daß das Internet zumindest das Potential hat, soziale Kontakte zu erleichtern.

Damit aber möglichst viele Personen beteiligt sein können, darf der Internetzugang weder technisch schwierig noch finanziell aufwendig sein. Hier liegen noch immer Schwachpunkte des Internet. Der Zugang ist technisch zumindest insofern schwierig, als die Bedienung eines Computers vorher gelernt werden muss. Dabei muss man viele Dinge lernen, z.B. was ein Betriebssystem ist, was ein Modem macht und was man tun kann, wenn die Konfiguration des Rechners nicht erfolgreich durchgeführt werden konnte. Dies stellt eine erhebliche Schwelle zum Einstieg in das Netz dar. Um im Internet surfen zu können, sind diese technischen Details völlig uninteressant. Wenn das Fernsehen so kompliziert zu bedienen und so unzuverlässig wäre, wie es Computer heute noch sind, hätte es sich vermutlich nicht weltweit durchgesetzt.

Die neuere technische Entwicklung zeigt aber immerhin den Weg, wie dieses Problem gelöst werden kann. Es gibt schon Geräte, die einen Internetzugang ermöglichen, ohne daß dazu ein vollständiger Computer erforderlich ist. Zudem deutet es sich an, daß es zu einer Verschmelzung von Computer und Fernsehen kommen wird, so daß über den Fernseher ein Internetzugang möglich wird. Wenn diese Verschmelzung vollzogen sein wird, kann der Siegeszug des Internet nicht mehr aufgehalten werden.

Damit wird die technische Hürde des Internetzugangs in Zukunft fallen. Wie sieht es aber mit der finanziellen Hürde aus? Die Gebühren für das Surfen im Netz setzen sich zusammen aus einem fixen Betrag pro Monat und einem zeitabhängigen Betrag sowie den Telefongebühren bis zum nächstliegenden Einwahlknoten des Internet-Providers. In diesem Bereich hat sich schon einiges geändert und wird sich auch noch ändern. Insbesondere die Telefonkosten sind dank des Wettbewerbs am Telekommunikationsmarkt deutlich gesunken. Darüber hinaus werden möglicherweise die fixen Beträge, die bisher zu zahlen sind, vollständig verschwinden.

Bei diesen absehbaren Bedingungen sollte ein Netzzugang nicht mehr am dafür erforderlichen finanziellen Aufwand scheitern. Die Preise für netzfähige Geräte werden ebenfalls nicht zu stark steigen, v.a. wenn der Internetzugang auch ohne vollständigen Computer möglich sein wird. Auch aus wirtschaftlicher Perspektive ist nicht zu befürchten, daß weite Teile der Gesellschaft von der Nutzung des neuen Mediums ausgeschlossen sein werden.

Insgesamt bestehen nur wenige Gründe für Befürchtungen, daß das Internet zur sozialen Vereinsamung beitragen könnte. Im Gegenteil, es gibt gute Gründe dafür, daß die Sozialkontakte umfangreicher werden können. Eine große Chance des Internet besteht darin, daß es die Kosten zur Organisation und Koordination von sozialen Aktivitäten aller Art senken kann. Es ist nicht das Internet, das problematisch ist; auf die richtige Nutzung kommt es an.

Next Generation Internet

Das Internet hat seine Endstufe des Ausbaus noch längst nicht erreicht – zumindest deuten die technischen Weiterentwicklungen dies an. Die größte technische Herausforderung ist zur Zeit die relativ geringe Bandbreite, mit der Informationen übertragen werden können. Eine Folge davon ist, daß es zu Staus auf dem *Information Highway* kommt. Besonders zu den Spitzenzeiten ist das Netz oft überlastet, und aus dem *World Wide Web* wird das *World Wide Waiting.* Dies ist bereits jetzt Anlaß für viele Frustrationen. Eine weitere Folge der Engpässe bei der Bandbreite ist die weitgehende Beschränkung der Übertragungsmöglichkeiten auf Texte und Bilder.

Betrachtet man im Nachhinein die Geschichte des WWW, so zeigt sich eine bemerkenswerte Entwicklung: Im Internet der ersten Generation konnten praktisch nur Texte übertragen werden. Diese Textlastigkeit brachte es mit sich, daß das Internet in erster Linie für Wissenschaftler interessant war. Die zweite Generation – und in dieser befinden wir uns zur Zeit – ist dadurch gekennzeichnet, daß die Textlastigkeit überwunden ist und die Welt der bunten Bilder das Internet erobert hat. Diese Entwicklung hat entscheidenden Anteil am bisherigen Siegeszug des Internet – bekanntlich sagt ein Bild mehr als tausend Worte. Durch die Einbeziehung von Bildern wurde es auch möglich, die Finanzierung der *Web Sites* auf der Werbung zu basieren. Werbung arbeitet sehr stark mit der bildlichen Vorstellung, und die Übertragbarkeit von Bildern in angemessener Zeit war die Voraussetzung für den Einzug der Werbung ins Netz. Man mag zur Werbung stehen wie man will – ohne sie würde auch das Internet anders aussehen und sich anders finanzieren müssen.

Wie wird das Internet der nächsten Generation aussehen? Nun, auch das ist nicht mehr völlig offen, sondern wird von langer Hand schon vorbereitet. Wie sooft kommt auch die Weiterentwicklung aus den USA. Dort ist man dabei, die technische Infrastruktur für ein neues Internet zu schaffen. Es ist beabsichtigt, daß das neue Internet um den Faktor 100 bis 1000 mal schneller ist als das heutige. Grandiose Aussichten! In erster Linie könnte das dazu führen, daß das Warten auf den Bildschirmaufbau zukünftig der Vergangenheit angehören wird. Oder etwa nicht?

Ganz so einfach ist die Sache doch nicht, und zwar haben wir die Rechnung ohne die Anbieter von Internet-Inhalten gemacht. So wie die Verbesserungen von der ersten zur zweiten Internetgeneration einen Wechsel von reinen Texten zu Bildern geführt hat, ist anzunehmen, daß als nächstes der Schritt von Bildern zu bewegten Bildern erfolgen wird. Damit wird das Internet dem Fernsehen in dieser Beziehung immer ähnlicher. Das ist ein weiterer Grund dafür, daß diese beiden Medien sich in naher Zukunft vereinigen werden.

Die Folge dieser absehbaren Entwicklung wird sein, daß die Bandbreiten abermals zu klein werden – und das Warten hätte kein Ende! Dies ist zumindest eine Entwicklungsrichtung, zum Glück aber nicht die einzige. Wenn nämlich bewegte Bilder übertragen werden sollen, kann das nur heißen, daß ein kontinuierlicher Strom von sehr großen Datenmengen übermittelt werden muß. Wartezeiten darf es dann einfach nicht geben, da ansonsten der Sinn des ganzen abhanden kommt. Wie kann man aber dann Staus verhindern?

Hier sind wieder die Ökonomen gefragt. Im Prinzip wissen wir sehr wohl, wie man solche Spitzenlasten reduziert und damit Staus vermeidet. Es ist alles eine Frage des Preises. Ähnlich wie beim Telefonieren werden die Kosten der Internetnutzung in Zukunft nicht nur von der *Zeitdauer* der Nutzung, sondern auch vom Nutzungs*zeitpunkt* abhängen. Um im Fachjargon der Ökonomen zu bleiben bedeutet das, daß in den Spitzenzeiten der Nutzung die

Gebühren ansteigen und damit Nutzer in andere Zeitpunkte vertrieben werden, wenn ihre *Preiselastizität der Internetnutzung* hoch ist, d.h. wenn sie die höheren Spitzenlastpreise nicht zahlen können oder wollen. Durch eine solche Preisbildung wird die Spitzenbelastung des Netzes reduziert und das Netz wird zu anderen Zeiten stärker genutzt werden.

Brauchen wir denn wirklich diese Entwicklung zu einem noch schnelleren Netz mit der Übertragung bewegter Bilder? Hat das Fernsehen nicht schon genug an kultureller Vielfalt zerstört? Muss die Welt denn unbedingt weiter amerikanisiert werden? Im eigentlichen Sinn „brauchen" wir ein solches Internet nicht, es ist sicherlich nicht notwendig zur Befriedigung von elementaren Lebensbedürfnissen. Das bedeutet letzten Endes, daß wir auch schon das jetzige Internet ebensowenig brauchen wie viele Dinge des täglichen Lebens, die der Information, Kommunikation und Unterhaltung dienen. Man kann ohne weiteres die Meinung vertreten, daß das Leben immer abhängiger von Techniken wird und dadurch der Abstand zu einem „naturgemäßen" Leben immer größer wird. Die Risiken, welche die moderne Technik mit sich bringt, sind unübersehbar, und sei es nur, daß wir von den Techniken abhängig werden.

Aber was macht das Leben eigentlich gut und lebenswert? Darüber läßt sich endlos streiten. Man kann vermutlich dennoch sagen, daß die Technik allein noch nicht unglücklich macht. Wir haben ihr vieles zu verdanken – mit Sicherheit auch Negatives. Sollte man sie deshalb verdammen? Wir meinen entschieden nein! Nicht die Technik ist schlecht, sondern der falsche Gebrauch. Wie also sollte man das Internet gebrauchen?

Wie jede andere Technik auch ist das Internet nur ein Hilfsmittel, um besser leben zu können. Als Selbstzweck ist es einfach viel zu langweilig, da gibt es interessantere Dinge. Nahezu unschlagbar ist das Internet, wenn es um Informationsbeschaffung geht. Bis vor einigen Jahren konnte man noch sagen, daß *Information* ein knappes Gut ist. Seit der weltweiten Nutzung des Internet sprechen wir demgegenüber von Informationsüberflutung. Das ist ein neues Problem. Jetzt haben wir Information im Überfluß, aber wer sagt uns, was relevant und wichtig ist? Es ist wie immer: Sobald ein Problem gelöst ist, taucht das nächste auf. Aber auch hier beginnt bereits eine weitere Entwicklung im Internet. Neben die bisherigen Suchmaschinen, mit deren Hilfe man zwar Informationen finden konnte, die aber keine Vorselektion getroffen haben, tauchen am Horizont intelligente Agenten auf, die bei der Selektion von Information sehr hilfreich sein können. Diese Agenten können entsprechend programmiert auf den Weg geschickt werden, nur ganz bestimmte Informationen zu suchen. Zudem sind sie lernfähig, d.h. sie erkennen nach einer gewissen Zeit die Interessen ihrer Nutzer und selektieren Information.

Die zweite nützliche Eigenschaft des Internet ist seine Eignung zu weltweiter *Kommunikation.* Daten jeder Art – von medizinischen über technische bis zu wissenschaftlichen – können gespeichert und übertragen werden. Damit kann das gesamte Wissen der Welt genutzt werden, ohne daß man auch nur einen Raum verlassen muss. Natürlich hat auch die Kommunikation ihre Nachteile, man denke nur an das Problem des Datenschutzes. Aber warum sollte es dafür keine Lösung geben? Das Datenschutzproblem ist schließlich älter als das Internet und die anderen modernen Kommunikationsinstrumente. Eine leichtere und billigere Kommunikation verbessert entschieden die Möglichkeiten der Organisation und Koordination für alle Arten von freiwilligen Zusammenschlüssen. Neben real existierenden sind auch virtuelle Gemeinschaften mit weltumspannendem Teilnehmerkreis möglich.

Als dritte sinnvolle Nutzungsmöglichkeit sei abschließend das Surfen im Internet genannt. Man kann daraus eine Art Glasperlenspiel machen und sich von einer Web Site per Hyperlink auf immer weitere Web Sites tragen lassen und dabei über den Zusammenhang des Gesehenen räsonieren. Ein ganzer Kosmos liegt zu Ihren Füßen, Sie brauchen lediglich zu klicken.

Und damit möchten wir zum Ende unserer Überlegungen kommen. Ist also das Internet sozialverträglich? Wir meinen ja. Es besteht zumindest die Chance, daß alle besser gestellt werden können, ohne jemand anderen schlechter zu stellen. Nutzen wir sie.

9. Der machtlose Staat?

Schatten im Netz

Wie wir in den vorangehenden Kapiteln gesehen haben, erleichtert das Internet nicht nur die Kommunikation von Unternehmen oder harmlosen Privatleuten, sondern kann auch Kriminellen oder Terroristen gute Dienste leisten. Diese Erkenntnis ist im Grunde genommen nicht sonderlich überraschend: Wo immer Menschen aufeinander treffen und miteinander kommunizieren, treten alle menschlichen Stärken und Schwächen auf. So finden sich im Internet nicht nur die positiven Seiten des menschlichen Geistes wie Kreativität, Witz, Originalität, Hilfsbereitschaft und Toleranz, sondern auch alle menschlichen Schwächen und Schattenseiten. Einige dieser Schattenseiten wollen wir uns im folgenden einmal näher ansehen.

Weit verbreitet im Internet sind Web Sites mit politischen Inhalten jeglicher Coleur. Das rechte Lager hat sich im Internet bereits stark breit gemacht, in vielen Homepages und Newsgroups werden Texte, Bilder und Hinweise auf andere Internet-Inhalte angeboten, die sich vor allem mit Rassenlehre, Antisemitismus und der Leugnung des Holocaust beschäftigen. Vertreten sind hier beispielsweise die amerikanische Stormfront und der bekannte deutsch-kanadische Rechtsextremist Ernst Zündel, der im Internet seine Theorie von der Gaskammerlüge verbreitet. In Europa gibt es das neonazistische Thule-Net, ein Verbund von in etwa einem Dutzend Mailboxen. Aber auch andere politische Aktivisten finden sich im Internet, Sie nutzen es zur Kommunikation mittels verschlüsselter Nachrichten und zur Aufforderung zu Straftaten.

Weiterhin finden sich im Internet Anleitungen zum Bombenbasteln sowie politische Pamphlete der übelsten Sorte.

Doch das Internet kann nicht nur zur Verbreitung politischer Weltanschauungen genutzt werden, sondern auch zu einem aktiven Vorgehen gegen Andersdenkende, beispielsweise durch gezielte Desinformation oder Verleumdung über das Netz. So kann man jegliche Information ins Netz stellen und als wahr deklarieren. Wir werden gleich noch darauf zu sprechen kommen, inwieweit hier die Strafverfolgungsbehörden einschreiten können. Auch gibt es mittlerweile erste Fälle, in denen man einem Internet-Anbieter, dem man offensichtlich Schaden zufügen wollte, Kinderpornos auf den Rechner spielte und dann Anzeige gegen ihn erstattete.

Und damit sind wir auch bei einem Punkt, bei dem das Internet bereits jetzt einen traurigen Ruf genießt. Wie stark das Ausmaß an Pornographie, das im Internet verbreitet wird, tatsächlich ist, läßt sich schwer sagen. Auch muß man hier Einschränkungen machen: Kein Verstoß gegen geltendes deutsches Recht bilden die Angebote der kommerziellen Sex-Anbieter sowie etliche private Newsgroups, die sich mit Themen zur Sexualität befassen. Unerwünscht im Internet und strafbar hingegen sind gewaltverherrlichende und frauenfeindliche Darstellungen sowie Darstellungen, welche der Entwicklung von Kindern und Jugendlichen schaden könnten, und vor allem Kinderpornographie.

All diese Entwicklungen schreien förmlich nach dem Gesetzgeber. Dieser sieht sich aber im Falle des Internet vor ein Problem gestellt. Da Sie mit der Struktur des Internet bereits vertraut sind, wird es Ihnen auch nicht schwer fallen, das Problem zu erkennen: Wie will der Staat der Anbieter politisch zu beanstandender Internet-Angebote oder der Anbieter von Kinderpornographie habhaft werden? Selbst wenn er weiß, in welchem Land sich der Rechner, auf dem die zu beanstandenden Informationen vorgehalten werden, befindet (und das weiß er nicht notwendigerweise), steht er noch immer vor dem Problem, die Person des Anbieters identifizieren zu müssen. Und noch viel schlimmer: Der Arm des deutschen Gesetzgebers reicht nicht bis ins Ausland, und es kann ihm sogar passieren, daß die Straftat, für die er den Anbieter der beanstandeten Web Site zur Rechenschaft ziehen will, in dessen Heimatland gar keine Straftat darstellt. Und weiter: Gesetzt den Fall, die Behörden schaffen es trotz aller Widrigkeiten, den entsprechenden Server mit Hilfe der ausländischen Behörden lahmzulegen, wer garantiert, daß die gleichen Inhalte, die mühsam aus dem Netz entfernt wurden, nicht am nächsten Tag von einem Server in einem anderen Land angeboten werden? Das sieht nach einem Kampf gegen Windmühlenflügel aus. Was nun?

Erste Versuche, gegen diese Internet-spezifische Kriminalität anzutreten, hat der deutsche Gesetzgeber bereits unternommen. So kam es bereits zu einer Anklage gegen CompuServe, einen großen Internet-Provider, weil dessen Kunden über CompuServe der Zugang zu pornographischen Inhalten möglich gemacht wurde. Ein Service, den CompuServe seinen Kunden bietet, ist ein komfortabler Zugang zu Newsgroups im Internet. Dabei erspart CompuServe seinen Kunden das Suchen nach solchen Gruppen im Netz und ermöglicht diesen einen direkten Zugang zu diesen Gruppen, ohne über das Internet gehen zu müssen. Unter diesem Angebot befanden sich etliche Newsgroups mit zweifelhaftem Inhalt. Also machte man CompuServe dafür verantwortlich, daß es seinen Kunden den Zugang zu strafbaren Inhalten ermöglicht hat.

Was halten Sie davon? Nun ist CompuServe zwar nicht selbst der Anbieter dieser Web Sites, aber man könnte dem Unternehmen dahingehend einen Vorwurf machen, daß es das von ihm bereitgestellte Angebot besser daraufhin überwachen sollte, ob es sich um zu beanstandende Inhalte handelt. Aber ist das angesichts der Fülle des Angebotes im Internet überhaupt noch möglich? Als Reaktion auf die Anklage sperrte CompuServe den Zugang zu allen Newsgroups, in denen man pornographische Inhalte vermutete. Allerdings schoß diese Maßnahme über das Ziel hinaus und verärgerte die Teilnehmer an denjenigen Newsgroups, die gesperrt wurden, obwohl ihre Inhalte nicht zu beanstanden waren. Darüber hinaus war diese Maßnahme im Grunde genommen witzlos: Da man über CompuServe auch einen Zugang zum Internet hat, konnte man die gesperrten Newsgroups auch direkt über das Internet erreichen.

Die entscheidende Frage bei diesem Streit besteht darin, inwiefern CompuServe dafür verantwortlich gemacht werden kann, die Daten, die es verbreitet, auf strafbare Inhalte zu überprüfen, und inwiefern das Unternehmen dazu überhaupt in der Lage ist. Wenn Sie überlegen, daß CompuServe auch einen direkten Zugang zum Internet zur Verfügung stellt, und damit seinen Kunden die Möglichkeit eröffnet, das gesamte Angebot des Internet auszunutzen, so werden die Grenzen dieser Überlegungen relativ schnell klar. Doch auch schon die Überwachung des eigenen Angebotes erweist sich als fast unmöglich.

Das sieht insgesamt nicht gut aus: Weder kann man der Anbieter strafbarer Inhalte im Internet habhaft werden, noch kann man die Verbreitung solcher Inhalte wirksam unterbinden. Was könnte hier Abhilfe schaffen? Eine mögliche Abhilfe sieht man in der Selbstreinigungskraft des Netzes. Denken Sie einmal an die bereits im zweiten Kapitel erwähnte Netiquette, einen Satz von Regeln, den sich die Internet-Gemeinde selbst gegeben hat, um genau solche Dinge wie die hier behandelten zu vermeiden. Das funktionierte anfangs auch recht gut, aber mit zunehmender Teilnehmerzahl werden soziale Kontrollmechanismen auf freiwilliger Basis immer schwächer. Was in einer kleinen Gemeinde funktioniert, ist nicht unbedingt geeignet für größere Gruppen, hier versagen implizite soziale Kontrollen mit zunehmender Gruppengröße.

Und so war auch in den letzten Jahren zu beobachten, daß in dem Maße, in dem sich die Gemeinschaft der Netzbenutzer von einem kleinen, verschworenem Grüppchen von Freaks und Wissenschaftlern zu einer weltumspannenden Gemeinschaft entwikkelte, auch die Probleme hinsichtlich der unerwünschten Inhalte im Netz zunahmen. Das ist ein Phänomen, das man bei allen Arten von Gemeinschaften beobachten kann: Mit zunehmender Größe der Gemeinschaft wird mehr und mehr eine Instanz erforderlich, welche die einzelnen Mitglieder der Gemeinschaft vor Übergriffen anderer schützt und Regelüberschreitungen ahndet. In einer modernen Gesellschaft ist dies die Aufgabe des Staates. Aber wie wir gesehen haben, sind im Internet der Macht des Staates enge Grenzen gesetzt. Was bleibt also zu tun?

Nun, zum Glück kann man sich im Internet durchaus selbst schützen, indem man Server, deren Inhalte einem nicht zusagen, einfach meidet. Und auch seine Kinder kann man vor solchen Seiten schützen, indem man seinen Rechner so einrichtet, daß er den Zugang zu Servern mit zu beanstandenden Inhalten verweigert. Auch bieten Provider, so z.B. AOL, bereits jugendfreie Accounts an, die Jugendlichen das Surfen im WWW ermöglichen, ohne daß dabei die Gefahr besteht, daß diese auf Web-Seiten mit jugendgefährdenden Inhalten stoßen. Es besteht also durchaus eine Chance, diejenigen, die man vor den dunklen Seiten des Internet schützen will, auch schützen kann.

Was bleibt mit den anderen? Natürlich wollen und müssen wir gegen Kinderpornographie und ähnliche kriminelle Delikte vorgehen, hier werden mit Sicherheit grenzüberschreitende Maßnahmen und Kooperationsabkommen notwendig sein. Aber im Grunde genommen beschränkt sich diese Aussage nicht nur auf das Internet, sondern auf jegliche Form der Kriminalität, sobald sie grenzüberschreitend wird. Das Internet ist nicht Ursache oder Quell der von seinen Kritikern angeführten Formen der Kriminalität, sondern es wird von Kriminellen als Plattform und technisches Hilfsmittel ebenso genutzt wie die Buchdruckerkunst oder das Telefon. Ein Verbot des Internet aufgrund der dort auftretenden negativen Nebenerscheinungen würde bedeuten, das Kind mit dem Bade auszuschütten. Auch das Argument der mangelnden Kontrollmöglichkeiten im Internet kann nicht so ganz überzeugen, denn genau sowenig, wie man das Internet kontrollieren kann, ist man in der Lage, Kriminelle an der Nutzung des Telefons zu hindern oder die Nutzung anderer Kommunikationstechniken durch Verbrecher zu kontrollieren oder überwachen.

Ein Netz ohne Gesetz?

Aber auch auf anderen Gebieten könnte der Staat von einer zunehmenden Nutzung des Internet getroffen werden: Je mehr durch das Internet nationale Grenzen an Relevanz verlieren, um so größer werden die Probleme, nationalen Gesetzen Geltung zu verschaffen. Ein einfaches Beispiel macht dies deutlich: In der Bundesrepublik Deutschland sind die Öffnungszeiten für Geschäfte im Ladenschlußgesetz für alle Geschäfte verbindlich geregelt. So können Sie beispielsweise die neue CD Ihrer Lieblingsgruppe nur zwischen sieben Uhr morgens und acht Uhr abends einkaufen. Dies wird sich aber ändern: Mit zunehmender Leistungsfähigkeit des Internet dürfte der Tag nicht mehr all zu fern sein, an dem man die CD nicht nur über das Internet bestellen und bezahlen, sondern auch direkt auf den heimischen CD-Player herunterladen kann. Wann man das dann macht, entzieht sich völlig dem Zugriff des Gesetzgebers. Und so wird das mit allen Waren und Dienstleistungen sein, die man über das Netz transportieren kann. Zumindest für solche Güter wird es dann keine gesetzlichen Öffnungszeiten mehr geben, die staatliche Gesetzgebung wird hier ins Leere laufen.

Doch nicht nur das Ladenschlußgesetz scheint durch das Internet gefährdet: So zeigt das Beispiel der elektronischen Kasinos im Internet, daß es auch weitere Felder nationaler Gesetzgebung gibt, welche von einer zunehmenden Nutzung des Internet untergraben werden könnten. Oder nehmen Sie Dienstleistungen, für die nationale Standards existieren. Sobald man diese Dienstleistungen auch über das Internet beziehen kann, wird dem Staat die Kontrolle über die Einhaltung der Standards, welche die Qualität dieser Dienstleistungen garantieren sollen, entzogen.

Eine weiteres Problem könnte im Bereich der Wettbewerbspolitik entstehen. Die Wettbewerbspolitik in der Bundesrepublik Deutschland stützt sich in weiten Teilen auf sogenannte Marktanteilsbetrachtungen. Das bedeutet, daß Gefährdungen für den Wettbewerb daran festgemacht werden, daß man den Marktanteil eines Unternehmens als Indikator dafür nimmt, ob durch dieses Unternehmen der Wettbewerb gefährdet werden könnte. Diese Vorgehensweise bringt in der Praxis das Problem mit sich, den für die Ermittlung der Marktanteile notwendigen relevanten Markt abzugrenzen. Welches sind die Produkte und Unternehmen, die miteinander konkurrieren? So hat beispielsweise Coca-Cola einen Marktanteil von hundert Prozent beim Verkauf von Coca-Cola, da es nur eine echte Coca-Cola gibt. Aus wettbewerbspolitischer Perspektive ist das aber nicht so negativ, wie es auf den ersten Blick scheint, da Coca-Cola in einem harten Wettbewerb nicht nur zu Pepsi-Cola, sonder auch zu anderen Limonaden und Säften steht. Dieses Argument gilt auch räumlich gesehen: So beobachten wir lokal oft sehr hohe Marktanteile beispielsweise bei Brauereien, was aber in Hinblick auf den Gesamtmarkt für Bier in der Bundesrepublik Deutschland nicht dramatisch ist.

Diese Form der Wettbewerbspolitik kommt nun in arge Bedrängnis, wenn durch das Internet der relevante räumliche Markt nicht mehr zu bestimmen ist. Im Prinzip läuft der Wettbewerb im Internet darauf hinaus, daß ein Unternehmen, das Leistungen anbietet, welche über das Internet liefer- und handelbar sind, mit der gesamten Welt in Konkurrenz steht. Da kann der nationale Wettbewerbshüter mit seinem Instrumentarium der räumlichen Marktanteilsabgrenzung einpacken. Die Wettbewerbspolitik müßte im Fall eines Wettbewerbs über das Internet die Frage beantworten, ob der potentielle (weltweite) Markt auch der tatsächlich relevante ist. Falls dies auch der Fall ist, so wären die Fesseln der nationalen Wettbewerbspolitik zu eng für weltweit agierende Unternehmen.

Nicht nur die Mißbrauchsaufsicht und die Fusionskontrolle, auch die Politik gegen Kartelle und abgestimmte Verhaltensweisen könnte durch das Internet in Bedrängnis geraten. Diese Probleme dürften durch das Aufkommen virtueller Unternehmen entstehen. Die Besonderheit virtueller Unternehmen ist darin zu sehen, daß es sich dabei um schnell wechselnde, zeitlich begrenzte Koalitionen verschiedener Anbieter handelt, die oft nach der Erledigung eines einzelnen Auftrages bereits wieder aufgelöst werden. Dies hat zur Folge, daß die Grenzen zwischen Unternehmen und Konkurrenten immer mehr verschwimmen. Wo hört die Koopertion auf und fängt die Kollusion an? Wo ist die Trennlinie zwischen einer Partnerschaft unter Unternehmen und einem wettbewerbsschädlichem Kartell? Vor diesem Hintergrund wird es für die Wettbewerbspolitik immer schwerer werden, das Kartellrecht und die Fusionskontrolle anzuwenden. Das Wettbewerbsrecht ist in der Regel nicht für schnell wechselnde, teilweise grenzüberschreitende Koalitionen geschaffen.

So sehr von einigen Seiten befürchtet wird, daß das Internet den Staat machtlos mache, so groß sind wiederum die Befürchtungen von anderen Kritikern, daß mit dem Aufkommen des Internet auch die Überwachungsmöglichkeiten des Staates zunehmen würden. Marschieren wir im Zeitalter des Internet in Richtung eines Überwachungsstaates?

Die Stunde der Datenjäger

Die Furcht vor einem Überwachungsstaat ist auch eines der Argumente der Gegner einer Zweitschlüsselhinterlegung des privaten Schlüssels bei einer staatlichen Behörde. Unabhängig davon, inwieweit die Furcht vor einem Überwachungsstaat gerechtfertigt scheint oder nicht (wir halten das für eine Frage des Vertrauens in die eigene, demokratisch gewählte Regierung), sollten wir einmal kurz überprüfen, inwieweit das Internet die Möglichkeiten einer Ausspähung der heimischen Privatspähre verbessert, ohne damit zu sagen, daß diese Möglichkeiten dann auch genutzt werden, um unschuldige Bürger auszuspähen.

Nun, zum einen ist folgendes klar: Wenn Sie das Internet nutzen, um Ihre Meinungen, Interessen und Neigungen kundzutun und mit anderen zu teilen, dann treten Sie in diesem Augenblick ins Licht der digitalen Öffentlichkeit. Ab diesem Moment macht es das Internet jemandem, der an Ihrer Person interessiert ist, leicht, Ihre Auftritte in der Öffentlichkeit des Netzes nachzuvollziehen. Dazu bedient man sich einfach einer der zahlreichen

Suchmaschinen, deren Dienste im Netz angeboten werden, gibt dem Suchroboter den Namen derjenigen Person, an der man Interesse hat, als Suchbegriff ein, und schon liefert die Suchmaschine Ihnen die Aktivitäten des Benannten in sämtlichen Newsgroups und Diskussionsforen. Was für ein beängstigender Gedanke: Sie bewerben sich um eine Stelle, und der zuständige Personalleiter erkundigt sich über das Internet nach Ihnen und bringt in Erfahrung, daß sie sich aktiv in der Faulenzerliga engagieren (schlimmer wird es natürlich, wenn Ihr politisches Engagement dem Personalleiter nicht behagt).

Dieser Vorstellung muß man allerdings zwei Argumente entgegensetzen: Zum einen muß jedem schon vor seinem Auftritt im Internet klar sein, daß er sich damit in die Öffentlichkeit begibt. Wenn man Angst hat, wegen seiner politischen Meinung oder bizarrer Hobbys benachteiligt zu werden, dann bleibt immer noch die Möglichkeit, auf einen Auftritt in der Öffentlichkeit zu verzichten. In der Regel gelangen nur solche Daten ins Netz, die man selbst dort hineingestellt hat, in der Absicht, daß diese von Dritten gelesen werden. Und mehr noch: Will man auf einen Auftritt im Internet nicht verzichten, scheut es aber zugleich, für diesen Auftritt mit dem eigenen Namen geradezustehen, so bietet sich immer noch die Möglichkeit, unter einem Pseudonym im Netz anzutreten, die wahre Identität kann dann in der Regel nicht mehr von Dritten zurückverfolgt werden. Insofern kann man also hier etwas Entwarnung in bezug auf die Furcht vor einem Überwachungsstaat geben.

Wenn man Furcht vor dem Überwachungsstaat hat, so empfiehlt es sich eher, den Blick sorgenvoll gen Himmel zu schicken, denn dort lauern die wahren Datenjäger: Satelliten. So zapfen amerikanische Geheimdienste, allen voran die berüchtigte National Security Agency (NSA), weltweit vor allem Kommunikationssatteliten an, und schneiden Telefongespräche, E-Mails, Faxe und sonstige Datenübertragungen mit, um diese anschließend auszuwerten. In der Regel geht man dabei so vor, daß alle Nachrichten zuerst mit Hilfe von Computern auf verdächtige Wörter untersucht werden. Diejenigen Nachrichten, welche bei dieser Recherche als interessant erscheinen, werden dann noch einmal nachträglich per Hand ausgewertet. Auf diese Art und Weise ist es angeblich möglich, bis zu zwei Millionen Nachrichten stündlich auszuwerten, von denen dann etwa 2000 Nachrichten stündlich per Hand ausgewertet werden. Brisant bei diesem Abhörsystem, das auf den Namen Echelon hört, ist der Umstand, daß nicht nur Terroristen, Waffenhändler und Kriminelle, sondern auch Regierungen und Parlamente abgehört werden; weiterhin wird vermutet, daß Washington dieses System auch für Zwecke der Wirtschaftsspionage mißbraucht.

Wie Sie sehen, vergrößern die modernen Telekommunikationstechniken durchaus die Möglichkeiten des Staates, nicht nur seine Bürger, sondern auch die Bürger anderer Staaten abzuhören. Dem kann man am besten entgegensteuern, indem man zum einen Vorsicht bei der Kommunikation walten läßt, und zum anderen, indem man sich um eine demokratische Kontrolle der gewählten Regierungen bemüht. Inwieweit das Internet eventuell dazu seinen Beitrag leisten könnte, wollen wir uns nun etwas näher ansehen.

Demokratie im Internet

Auf den ersten Blick erschließt sich dem außenstehenden Betrachter nicht unmittelbar, inwiefern das Internet demokratisches bzw. politisches Potential aufweisen könnte. Wenn man aber überlegt, daß Politik und Demokratie vor allem etwas mit Kommunikation zu tun haben, wird schnell klar, daß das Internet auch hier eine wichtige Rolle spielen könnte.

Zuerst muß man festhalten, daß das Internet ein viel größeres Ausmaß an Stimmenvielfalt und Meinungspluralismus ermöglicht. Gerade aufgrund seiner dezentralen Struktur bietet es auch politischen Kleingruppen viele Möglichkeiten, sich zu organisieren und ihre Ansichten weltweit zu verbreiten. Mit dem Einsatz des Internet wird es viel leichter, zu Gleichgesinnten Kontakt aufzunehmen und die eigene politische Meinung kundzutun. So sehr wir es im Falle radikaler politischer Gruppierungen bedauern, so sehr sollte man hier die demokratischen Potentiale des Internet schätzen. Und mehr noch: Über das Internet gelingt es Bürgerrechtsgruppen und Widerstandskämpfern totalitärer Staaten immer wieder, dem Zensor ein Schnippchen zu schlagen. Nicht umsonst ist beispielsweise die chinesische Regierung ängstlich darauf bedacht, die Internet-Zugänge im Land zu kontrollieren.

Die Technologie des Internet ermöglicht vor allem eine interaktive Kommunikation der Mitglieder von Interessengruppen und darüber hinaus auch größere Möglichkeiten der Beteiligung von Bürgern am öffentlichen Leben. Angefangen von Bürgerinformationssystemen, welche den Bürgern Informationen über die Arbeit der lokalen Behörden bieten, bis hin zu einer internetgestützten Verwaltung, mit deren Hilfe man Verwaltungsakte über das Internet vollziehen kann, bieten sich vielfältige Möglichkeiten, den Bürger in das politische Leben einzubinden. Auch die politischen Parteien haben die Potentiale des Internet erkannt und sind ebenso im Internet vertreten wie Regierungsinstitutionen, Parlamente, internationale Organisationen und Bürgerbewegungen. Die verbesserte Kommunikation im Internet ermöglicht einen effektiveren, persönlicheren Wahlkampf, eine bürgernähere Verwaltung, Administration und Planung öffentlicher Projekte sowie eine gezielte Ansprache einzelner Personen bzw. Personenkreise. Am Ende dieses - zugegebenermaßen recht optimistischen - Bildes könnten einmal elektronische Wahlen oder zumindest Referenden über das Internet stehen.

Aber halt mal: Bis zum jetzigen Zeitpunkt wäre es unangemessen, das Internet als die Zukunft der Demokratie zu preisen. Der Grund dafür ist recht simpel: Bisher ist das Internet immer noch weit davon entfernt, ein Massenmedium zu sein. Die Anzahl der Nutzer steigt zwar beständig, ist aber immer noch recht gering, zu gering, als daß man von einer Kommunikationsform für jedermann reden könnte. Doch gibt es jetzt schon viele Stimmen, die vor einer neuen Spaltung der Gesellschaft warnen, nämlich vor einer Zwei-Klassen-Informationsgesellschaft. Die Überlegung ist recht simpel: Mit dem zunehmendem Marsch in Richtung Informationsgesellschaft wird es nicht nur immer wichtiger werden, über Informationen zu verfügen, sondern auch die Techniken zu beherrschen, mittels derer man sich Informationen verschaffen kann. Wenn nun das Internet als Medium nur solchen Personen vorbehalten bleibt, welche das nötige Geld und die zur Nutzung des Internet notwendige Ausbildung besitzen, während der Rest der Gesellschaft von diesem Medium ausgeschlossen bleibt, so könnte diese Entwicklung zu einer Spaltung der Gesellschaft führen. Was ist von diesem Argument zu halten?

Nur die wenigsten von Ihnen werden sich an die Einführung des Fernsehens erinnern. Im Prinzip war dies damals auch ein revolutionäres Medium, welches neue Möglichkeiten der Kommunikation und Informationsbeschaffung bot und darüber hinaus anfangs so teuer war, daß es sich nur wenige leisten konnten. Heute ist die Fernsehtechnik so weit gediehen, daß man fast in jedem Kinderzimmer einen Fernseher vorfindet, und niemand auf die Idee kommen würde, eine Spaltung der Bevölkerung aufgrund unterschiedlicher Fernsehgewohnheiten zu vermuten. Und auch das Internet ist mittlerweile nicht mehr die Geheimwissenschaft, die es einmal zu seinen Anfangszeiten war, seine Nutzung wird - vor allem mit dem Aufkommen des World Wide Web - zunehmend leichter und ist mittlerweile kein Fall mehr für Computerfreaks. Und es ist wahrscheinlich, daß in Zukunft die Nutzung moderner Informations- und Kommunikationstechniken derart einfach sein wird, daß diese sich als selbstverständlicher Aspekt des täglichen Lebens etablieren wird. Und weiter: Denken Sie einmal an die Ausführungen zum Arbeitsmarkt der Zukunft. Vielleicht werden in Zukunft nicht nur hochqualifizierte Techniker und Programmierer benötigt, sondern Arbeitnehmer, die einfache und standardisierte Arbeiten am Rechner erledigen. Auf diesem Wege könnte der Blaumann einen weißen Kragen bekommen.

Diese Entwicklungen werden unserer Meinung nach verhindern, daß es zu einer Spaltung der Gesellschaft in eine Informationselite und Unwissende kommen wird. Entscheidend ist letztlich nicht das Medium selbst oder der notwendige Zugang zu diesem

Medium. Die Erfahrung lehrt, daß dieser Zugang sich mit der Etablierung des Mediums automatisch allen Gesellschaftsschichten erschließt (schließlich kann das Internet nur dann erfolgreich sein, wenn es von einer möglichst großen Zahl von Personen genutzt wird); entscheidend für die Wirkungen eines Mediums auf den Menschen ist letztlich doch nur der Kopf, der davor sitzt. Sie haben es selbst in der Hand, aus dem Internet den Ihrer Meinung nach für sie optimalen Nutzen zu ziehen.

Da aber alle Menschen verschieden sind, ist zu vermuten, daß nicht jeder Mensch den gleichen Nutzen aus dem Internet ziehen kann. Es könnte sich sogar für einige als nachteilig für die persönliche Entwicklung erweisen. Diese potentiellen negativen Folgen des Internet im gesellschaftlichen Bereich wollen wir uns nun einmal näher ansehen.[1]

Gesellschaftliche Folgen des Internet

Zuerst muß man dazu noch einmal die These von der Zweiklassen-Gesellschaft aufgreifen. Nicht nur der mangelnde Zugang zum Internet, so die Überlegung, könnte zu einer Spaltung der Gesellschaft führen, sondern auch die veränderten Anforderungen, welche das Internet an die Menschen stellt. So wird vermutet, daß man ohne die Schlüsselqualifikationen, welche man zur Nutzung des Internet benötigt, nämlich die Fähigkeit, Informationen gezielt und aufgabenbezogen zu beschaffen und auszuwerten, schnell in eine gesellschaftliche Randposition zu geraten droht. Wer Medien nur passiv nutze oder gar ablehne, so die These, werde schnell ins Abseits geraten. Vielleicht sollte man diese Aussage etwas relativieren: Wer über eine bessere Auffassungsgabe und die oben beschriebenen Fähigkeiten verfügt, stellte sich schon immer besser als solche Personen, denen es an diesen Fähigkeiten mangelte. Dies ist aber durch die Grundausstattung des Menschen bedingt. Nun ist nicht einzusehen, warum sich die Verteilung der menschlichen Grundfähigkeiten zwischen den Menschen mit dem Aufkommen des Internet derart verschieben sollte, daß die Kluft zwischen den schlauen und den weniger schlauen sich allein durch die Existenz des Internet vertiefen sollte. Es wird vielleicht zu einer Entwertung gewisser Fähigkeiten und im Gegenzug dazu zu einer Aufwertung anderer Fähigkeiten kommen; solche Prozesse finden aber seit Jahrhunderten statt.

Wir bezweifeln, daß technischer Fortschritt für sich genommen zu einer Spaltung der Gesellschaft führen kann, es sind vielmehr die gesamtgesellschaftlichen Rahmenbedingungen und die Verteilung der Grundausstattung der einzelnen Bürger. Will man also der Gefahr einer - wie auch immer gearteten - Zweiklassengesellschaft vermeiden, so scheint es sinnvoll, mehr Gleichheit bei den Startchancen herzustellen. Wenn man sich bemüht, jedem Menschen das gleiche Startkapital mit auf den Weg zu geben, so kann man vermuten, daß sich jeder Mensch seinen Fähigkeiten entsprechend entwickeln kann. Es macht sicherlich keinen Sinn, aus jedem Menschen einen Programmierer machen zu wollen.

Restposten

Bis hierhin haben wir diejenigen Aspekte des Internet diskutiert, die uns am wichtigsten erschienen und die am häufigsten in der Literatur zu finden waren. Es liegt in der Natur der Sache, daß eine solche Aufzählung nicht erschöpfend sein kann, und auch die Prioritätensetzung ist - das gestehen wir gerne zu - eine recht subjektive Angelegenheit. Und so sind einige Aspekte außen vor geblieben, so die Frage nach psychologischen Problemen, die durch die ständige Erreichbarkeit (unser Tip: schalten Sie doch einfach das Handy ab) oder die Belästigung durch zunehmende Werbung entstehen können (wenn sie durch Werbung im Fernsehen genervt sind, wechseln sie den Sender, nehmen ein Buch oder bestellen einen Pay-TV-Kanal ohne Werbung). Ebenfalls vernachlässigt haben wir die Frage, inwiefern das Internet einen Beitrag zum Umweltschutz leisten könnte. Die Idee vom papierlosen Büro ruft bei uns (und wahrscheinlich bei allen, die mit Computern arbeiten) nur ein müdes Lächeln hervor, und die Frage, ob Telearbeit zu einer Reduktion des Verkehrsaufkommens führen könnte, läßt sich auch nicht ohne weiteres mit wenigen Sätzen beantworten. So gibt es Vermutungen, daß die Reduktion des Berufsverkehrs mit einer Zunahme des Freizeitverkehrs einhergehen könnte (wenn Sie den ganzen Tag zu Hause vor dem Rechner sitzen, dann wollen Sie sicherlich abends mal raus).

Auch können wir Ihnen die Frage nicht beantworten, wie sich die Medienlandschaft im Zeitalter des Internet entwickeln wird: Mit zunehmendem technischen Fortschritt ist zu vermuten, daß Sie eines Tages einen Fernseher haben, mit dem Sie durch das Internet surfen, Videos abrufen oder E-Mails verschicken können. Welche Folgen das für die Medienlandschaft, für Print-, Hörfunk- und Fernsehmedien haben wird, ist eine Frage, die noch nicht endgültig beantwortet werden kann.

Wenn Sie sich einmal eine Weile hinsetzen und nachdenken, dann fallen Ihnen noch sicherlich eine ganze Menge anderer Aspekte ein, die man im Zusammenhang mit dem Internet diskutieren könnte. Zögern Sie nicht, diese Diskussion mit Ihren Freunden oder Bekannten aufzunehmen, sei es persönlich oder mit Hilfe einer Newsgroup. Wir möchten Ihnen nun gegen Ende des Buches ein paar zusammenfassende Worte mit auf den Weg geben, die als Anregung für eine solche Diskussion gedacht sein sollen.

Eine kurze Bilanz

Nachdem wir uns mit vielfältigen Aspekten und Folgen des Internet beschäftigt haben, wird es Zeit, eine kurze Bilanz zu ziehen, ohne ein abschließendes Urteil fällen zu können und zu wollen.

Wir haben gesehen, daß das Internet eine Menge neuer Herausforderungen an die Politik, insbesondere auch an die Wirtschaftspolitik stellen wird: Die Arbeitsmarktpolitik wird nicht umhin kommen, sich dem durch das Internet bedingten Strukturwandel zu stellen. Weiterhin wird es nötig sein, die momentane Organisation der sozialen Sicherung in der Bundesrepublik, die noch aus dem letzten Jahrhundert stammt, an die Herausforderungen des kommenden Jahrtausends anzupassen. Wir wissen, daß das leichter gesagt als getan ist, aber eine Vogel-Strauß-Politik dürfte in diesem Fall nicht sonderlich hilfreich sein.

Auch die Steuerpolitik wird sich auf Veränderungen im internationalen Geschäftsverkehr einrichten und einige bisher verwendete Besteuerungspraktiken aufgeben müssen. Einen Staat ohne Steuereinnahmen sehen wir jedoch nicht im Lichte einer digitalen Dämmerung herankommen, die Argumente und auch die Erfahrung der letzten Jahrzehnte sprechen unserer Ansicht nach dagegen. Allerdings könnte eine bessere Koordination der nationalen Steuerbehörden notwendig werden.

Auch in anderen Bereichen der Politik könnte eine solche Koordination nationaler Aktivitäten auf zwischenstaatlicher Ebene förderlich sein, so beispielsweise im Bereich der Verbrechensbekämpfung. Dieses Postulat hat aber auch ohne die Existenz des Internet seine Berechtigung. Die mit dem Internet heraufkommenden Probleme sind im Grunde genommen nicht neu, Kriminalität, politischer Extremismus und Pornographie gab es schon immer, das Internet bietet hier lediglich eine weitere Plattform für diese Schattenseiten der menschlichen Natur. Will man die positiven Seiten des Internet - Wohlstand, Wachstum, mehr Demokratie und bessere Kommunikationsmöglichkeiten - nutzen, so kommt man nicht um die Schatten dieser Lichtblicke umhin.

In Hinblick auf die vermuteten gesellschaftlichen Folgen des Internet - vor allem auf die These der Zwei-Klassen-Gesellschaft - lehnen wir allerdings die Forderung nach einer kostenlosen Grundversorgung mit einem Internet-Zugang zumindest zum gegenwärtigen Zeitpunkt ab: Wenn man kostenlose Wohltaten des Staates für benachteiligte Gesellschaftsgruppen anstrebt, so fallen uns viel wichtigere Maßnahmen ein als die Bereitstellung eines kostenlosen Zugangs zu einem High-Tech-Werkzeug. Es gibt auch in Deutschland noch genügend Personen, die andere Grundbedürfnisse haben, die zu stillen sicherlich dringlicher wäre. Hier müßte man sicherlich erst einmal über Essen, Kleidung und Wohnraum reden, bevor man über ein Modem nachdenkt. Auch haben unsere obigen Überlegungen gezeigt, daß die Ursachen für eine unterschiedliche Entwicklung auch in mangelnder Startgerechtigkeit liegen kann. Hier wäre es Aufgabe des Staates, die Rahmenbedingungen zu schaffen, innerhalb derer jeder Mensch nach seinen Fähigkeiten das beste aus sich machen kann.

Wenn sie sich also demnächst auf den Weg ins Internet machen sollten, vergessen Sie nicht: Was immer Sie daraus machen, liegt vor allem in Ihrer Hand. Nicht das Internet macht Menschen, sondern Menschen machen das Internet.

Anmerkungen

1 Als Diskussionsgrundlage möchten wir hier - ohne Anspruch auf eine ausgewogene Literaturauswahl erheben zu wollen - zwei Bücher empfehlen: Stegbauer, C., Euphorie und Ernüchterung auf der Datenautobahn, Frankfurt 1996 und Boehringer, P., Gesellschaftliche Auswirkungen von Information Highways, Regensburg 1995.

Lesen bildet
Meinung.
Mit uns
garantiert.
Frankfurter Rundschau
Unabhängige Tageszeitung
Die Zeitung zwei Wochen
zum Nulltarif.
☏ 08 00/8 666 8 66